书山有路勤为径，优质资源伴你行
注册世纪波学院会员，享精品图书增值服务

·项/目/管/理/核/心/资/源/库/

[美] 多米尼加·德格朗迪斯 著
(Dominica DeGrandis)
楼 政 杨思思 译

将工作可视化

利用看板优化工作流动，并节约时间

Making Work Visible

Exposing Time Theft to Optimize Work & Flow

電子工業出版社
Publishing House of Electronics Industry
北京·BEIJING

Making Work Visible: Exposing Time Theft to Optimize Work & Flow

版权贸易合同登记号　图字：01-2021-3021

图书在版编目（CIP）数据

将工作可视化：利用看板优化工作流动，并节约时间 /（美）多米尼加·德格朗迪斯（Dominica DeGrandis）著；楼政，杨思思译. —北京：电子工业出版社，2021.8
（项目管理核心资源库）
书名原文：Making Work Visible: Exposing Time Theft to Optimize Work & Flow
ISBN 978-7-121-41577-7

Ⅰ. ①将…　Ⅱ. ①多…　②楼…　③杨…　Ⅲ. ①项目管理－工作流管理系统　Ⅳ. ①F224.5-39

中国版本图书馆CIP数据核字（2021）第160629号

责任编辑：卢小雷
印　　刷：中国电影出版社印刷厂
装　　订：中国电影出版社印刷厂
出版发行：电子工业出版社
北京市海淀区万寿路173信箱　　邮编：100036
开　　本：720×1000　1/16　印张：12　字数：163千字
版　　次：2021年8月第1版
印　　次：2022年8月第2次印刷
定　　价：78.00元

凡所购买电子工业出版社图书有缺损问题，请向购买书店调换。若书店售缺，请与本社发行部联系，联系及邮购电话：（010）88254888，88258888。
质量投诉请发邮件至zlts@phei.com.cn，盗版侵权举报请发邮件至dbqq@phei.com.cn。
本书咨询联系方式：（010）88254199，sjb@phei.com.cn。

谨以此书献给我生命中最大的动力来源：我四个出色的孩子——雷切尔、罗伯特、安吉洛和奥古斯都，是他们带给我生活和欢乐。我从他们身上获得的比从其他任何地方获得的都要多得多！

译者序

如果你在软件行业从事项目管理，或者你是精益看板法的拥趸，那么你很可能知道大卫·安德森（David Anderson）。大卫·安德森是将精益方法，尤其是看板法用于软件行业的开山鼻祖。他被称为软件看板之父。

本书作者多米尼加·德格朗迪斯和大卫·安德森有很深的渊源。当她在科比斯（Corbis）公司工作的第6年，大卫·安德森到科比斯公司传授制约法和精益方法。因此，作者有机会长时间向他学习。后来，大卫·安德森邀请她加盟大卫·安德森协会。正是在该研究院，作者研究并开发了“开发运营一体化（DevOps）看板”课程，并于2011年在美国加州山景城开办了有史以来第一个“开发运营一体化（DevOps）看板”工作坊。

经过一段时间的研究、教学和推广，作者积累和沉淀了大量的研究成果、案例，于是她进行了更深入且更系统的思考、研究和总结。最终，有了本书。

本书包含以下几个方面的内容。

一是精益方法。作者是精益方法的拥护者和实践者。本书随处可见精益方法的应用。精益方法涉及减少时间浪费，提高效率，合理设置资源，优化工

作流动，用拉动的方式来开展项目，限制WIP的数量，运用看板法将工作可视化等。

二是看板法。看板法是精益方法中一个非常著名的工具。作者用主要笔墨将看板进行了横向拓展和纵向深入。一方面，作者拓展了看板的应用领域，不仅将看板应用在工作中，还将其应用在生活中。另一方面，作者将看板进行了分类和深入应用，介绍了多层看板、已办事项与完全完成事项看板、PDCA看板、家庭项目看板、搬家项目看板、采购订单看板和学生看板等。

三是流动方法。流动的理念也是精益方法中非常经典的构成部分。作者举了很多生动的例子来帮助读者理解和使用流动方法。如高速公路上的交通、铁路上的列车运行等，通过去除障碍，消除瓶颈，用拉动的方法就能很好地使整个过程畅通无阻，从而帮助执行者顺利完成任务，交付项目成果。

四是时间管理。时间管理方面的著作和论述可谓汗牛充栋，作者却另辟蹊径。她将精益方法应用到时间管理中，分析了造成时间浪费的5个原因——太多WIP、未知的依赖关系、计划外工作、优先级冲突和被忽视的工作，然后像抓小偷一样，将它们绳之以法。

五是独特性。作者在本书中提出了一些独到的方法，如“聚光灯”工具。将“聚光灯”工具与看板进行整合，并用可视化手段在看板上标记所有存在时间浪费的工作，然后进行统计和定期跟踪，从而减少时间浪费并提高工作效率。

本书的特色非常鲜明。

首先，作者用女性独有的视角和独特的视觉表达方式，为看板法增添了新的特色。作者独具匠心的手绘图和醒目的色彩表现手法无时无刻不吸引着读者的眼球。趣味性和美观性在本书中得到了淋漓尽致的体现。经过作者的妙手，冗长乏味的项目工作也被镶了一道亮丽的风景线。

其次，作者喜欢侦探小说，梦想成为一名侦探。在本书中，她采用拟人的写作手法，把延误、低效和时间浪费作为盗窃案来侦破，把造成延误、低效和时间浪费的元凶比喻为窃贼。整个寻找原因、解决问题的过程，就是侦探破案并抓捕小偷的过程。经过如此设计，本书读起来趣味盎然、引人入胜。

再次，作者对待工作和生活的态度是值得推崇的。工作和生活要进行合理平衡。正如作者所说，上帝对每个人都是公平的，无论高低贵贱，每个人的一天都是24小时。如果你能有效利用时间，减少时间浪费，那么你的工作才会更有效率，也才有更多的时间享受多姿多彩的生活。

最后，我要强调的是，作者是一个充满哲思的智者。她总结、提炼出的方法不仅可用于工作，也可用于生活，彰显良好的哲学素养和高超的应用智慧。

在本书的翻译过程中，我就像和熟悉的同行展开了一次深入的交流。我的经历和作者非常相似，都是从一线实践中成长起来的培训师和咨询顾问。我在产品开发和项目管理的一线工作了近20年，积累了大量的有关产品开发、项目管理和创新的实践经验。同时，我喜欢思考、总结、提炼和分享，后来，一步一步走上了培训师和咨询顾问的道路。为了提高专业水平和理论素养，我到国外全职学习了一段时间，后来参与了一些先进方法论的开发和翻译工作，如《产品经理认证（NPDP）知识体系》《项目管理知识体系指南》和《项目集管理标准》，2018年还承担了科技部“创新系统新方法”课题组组长的重任。这些积累都让我在对本书内容的把握上受益匪浅。本书也让我对看板法的应用有了更多、更深入的了解。作者的叙述生动、形象，文字读起来让人感到十分亲切，为了用相应的叙述风格来体现作者的匠心，我也动了很多脑筋，力求传神达意。

虽然本人翻译了很多专业著作，也在不断总结经验，但水平仍然有限，纵然百密也会有一疏。如果你对本书的翻译有任何疑问、意见或建议，欢迎随时和我联系。如果你想探讨产品开发、项目管理和创新方面的主题，也欢迎随时

联系我。我的邮箱为1115330126@qq.com，微信和手机号码为18029169969。我衷心希望，能为推广产品开发、项目管理和创新的专业方法，以及培养专业人才贡献绵薄之力！

感谢合译者杨思思的协作，她是我引以为傲的学员和伙伴！给我的学员搭建专业舞台并实现其梦想也是我的使命！

感谢爱女楼俞希始终如一的支持和贡献！希望我们有机会也能够合译一本书！我也期望带动更多的年轻人走向传播先进智力成果的道路！

最后，特别感谢广大读者、我的学员和友人！我的存在，只因有你！

楼政

2021年于珠三角

序

一天有24小时，其中大多数时间都被虚度了。

——安布罗斯·比尔斯

在《企业家和摇滚明星》中提到了一个“网红”问题，即无论你如何折腾，每个人的一天都是24小时。

我并不认同这种说法。实际上，一些商界楷模被超凡的职业精神所驱动，他们每周工作超过100小时，当然他们也具有异于常人的优势。虽然我们每天可用的时间和他们相同，但是支配这些时间的方式大相径庭。当埃隆·马斯克（Elon Musk）面对太多未完成任务（Work-In-Progress，WIP）时，他会授权给别人、延后处理或者干脆说“不”。当出现变化，或者经过深思熟虑的战略不再符合组织需求时，雪莉·桑德伯格（Sheryl Sandberg）能够及时地转变战略。当杰夫·贝索斯（Jeff Bezos）面对优先级冲突时，他会用一个错综复杂的层级机构来寻求方向，确定该走哪条路。

当这些事情发生在我们身上时（我们很少面对，而他们经常面对），我们的应对方式和那些亿万富翁们却截然不同。

我们该怎么办？当缺乏强有力的组织以及广泛的人脉支持时，我们该怎

样完成所有需要完成的任务，并且在过程中确保品质和判断的准确性。在信奉不断提高生产力和多任务并行的文化里，我们如何更有效地利用时间和工作流动以使我们投入的努力和精力能实现最大的产出？更重要的是，在做到这些时，我们是否还能兼顾生活？

节省时间，花费时间，浪费时间。我们谈论时间就像谈论金钱一样。表面上，时间似乎是“免费”的，但时间是我们拥有的最宝贵的资源之一。无论是对个人、团队还是组织而言，时间好像永远都不够用。

任何一个曾经面临截止日期的人一定会遭遇到帕金森定律（Parkinson’s Law）：只要还有时间，工作就会被不断扩展，直到用完所有时间为止。坦言之，你最后一次在截止日期前几小时或几天内高效完成工作是什么时候？

不只你有这个困扰。

看起来我们一直在忙，但我们到底在忙什么？为什么在每天下班回家时都感到筋疲力尽，待办事项却有增无减呢？就像在洗衣房里神秘失踪的袜子，时间都去哪儿啦？是谁、是什么偷走了我们的时间、注意力和精力？

利用或计量时间绝不只是现代人的做法，实际上古已有之。史前人类追踪月相。苏美尔人发明的六十进制一直沿用至今，即将每小时划分为六十分钟，然后把每分钟划分为六十秒。埃及人用方尖碑来计算太阳投射的阴影长度。当出现云层或夜幕降临时，这种用太阳来计算时间的方法就显现出弊端了。波斯人和希腊人提供了另一种计时方法——漏壶或水钟，通过监测水流来记录流逝的时光。

利用这些古代的时间计量工具，就有了最早的日程安排：何时播种和收获，何时到集市做交易，何时安排日常活动（如吃饭和睡觉等）。

直到今天，尽管我们拥有很多现代化的便利条件，但对许多人来说，有效的时间管理已经变成了一场硬仗，即使不是堂·吉诃德式的目标，也需要我们全身心投入。在信息经济时代，我们可以一周7天24小时无障碍地进行联系，与此同时，也可以不分白天黑夜地提出需求。令人纠结的是，手机、电子邮件和视频会议等工具表面上让生活更便捷，却常常奴役着我们。在现代工作中，我们在令人眼花缭乱的方案选择中左右为难，苦不堪言。这些做法都会使我们负担超重、注意力分散，并悄悄“偷走”我们的时间和注意力，最终影响我们的收益。

我们倾向于盲目崇拜那些复杂之物。与最早的时间记录方案易于实施、效果显著一样，本书阐述的理念也是如此：将时间黑手曝光并优化工作流动。就像星空、太阳、树枝和沙子为古人提供了可操作的、直观的反馈一样，多米尼加在本书中提出的建议也是如此。

毫无疑问，我们可以更好地管理能够看见的东西。当自己的工作不可见时，就会遭遇困难。当我们不了解自身的能力时，也无法将这些能力告知他人，由此产生的精神负担会变成压力。压力使已有的任务复杂化，尤其对WIP而言更是如此。压力也会降低我们专注任务、判断任务优先级及完成任务的能力，更不要说高质量地完成任务了。

多米尼加提出的可视化方法和限制WIP数量的策略为我们揭开了认知工作量的神秘面纱；确保了团队成员有合理的期望，关注焦点问题，让工作井然有序，实时处理问题（并考虑解决方案），并提供高质量完成任务的清晰路径。毫不夸张地说，作者用她深刻的洞察力娓娓道来，并提出了实用的建议。

的确，当我驾驶帆船探索萨利希海群岛时，一边享受着岛上的悠闲时光，一边用一周时间写下这篇序。这听起来真的有些讽刺意味。这是我第一次在度假时故意把手表放在家里，选择全身心地与大自然和海景为伴：秃鹰和隼在海岸线与森林交汇处的悬崖上空翱翔，海獭在清澈的海浪中游动，寻找海藻和鳗鱼作为下一顿的美食。在海岸线的礁石地带，几十只海狮懒洋洋地晒着太阳，海豹在海滩上精心照料着它们的幼崽。远处是熟悉的场景——许多船只正缓缓靠岸，还有一群虎鲸正在晶莹剔透的碧水上为拿着尼康相机的观众表演

［被当地人戏称为“播客”（Pod-Parazzi）］。

如果有一个地方可以让我忘记时光流逝，那就是圣胡安群岛，它是一个位于太平洋西北部被誉为“珠宝盒”的地方。

无论是对于个人、团队还是组织而言，超负荷工作的习惯、对生产力和生产效率的痴迷、固有的生存方式（而非生活方式）等既不正常，也不健康，更不可持续。这正是本书如此重要的原因。

多米尼加进行了细致入微的观察，并提出了简单易行的建议，以帮助我们走出养成新习惯的第一步，这些习惯有助于形成健康、可持续并能改进工作的良性循环。使用该工作方法，能使我们的思路更清晰、压力更小、注意力更集中、决策力更强、工作更可控、一天的工作更充实，也让我们能更轻松地享受生活，而不只是单纯地追求工作产出。

尽管严格来讲，如《企业家和摇滚明星》所说，我们每个人每天拥有一样多的时间。但多米尼加建立了一个严谨周密的工作系统来让我们了解如何用好每个工作日。通过有效利用时间，可以让我们在下班后有充裕的时间做自己想做的事——这才是完整的生活。

诚然，时间是宝贵的，要对它一视同仁。将你的工作可视化，有限度地承担工作任务，注重工作流动，并建立严谨周密的工作系统以反映真正重要的问题。

去呼吸，去思考，去学习，去成长，去玩，去爱，去生活。

努力工作，享受生活。我确信，多米尼加在文中展现的智慧正是开启这种生活的第一步。你能让时间浪费得更少，并拥有更多不受打扰的时间。

托尼安·德玛利亚

于华盛顿奥卡斯岛

导读：工作与流动

不要浪费时间，时间就是生命。

——本杰明·富兰克林

作为一名构建工程师，我毕业后的第一份工作就是将构建可视化，也就是追踪哪个版本的文件在哪台计算机中以及在何种环境下运行。在入职三个月后，我开始了构建工作，即从源代码库中获取代码，编译成可安装执行的文件包，然后将新生成的功能放在其他人（包括分析人员、开发人员、测试员及其他相关方）可见之处。虽然构建并不是对开发工作进行集成，却让我在凌晨两点还独自坐在办公室里排查错误。错误之多让我感到身心俱疲，我只好下班回家。我开始怀疑自己的职业选择。显然，技术工作意味着更多的加班。在休息一晚后，我又回到办公室，开始追踪由不同开发人员所写代码之间的依赖关系并最终完成了构建工作。

我不确定在合并、打包和发布软件的过程中，我在追踪代码之间的依赖关系上到底花费了多少时间，但我确信我花费的时间非常多。如果我花在排除故障（如构建故障、网络运行环境故障）上的每分钟都值1美元的话，那么我肯定能攒出一个小金库了。对于延误的工作，无论是用小时、天、周还是月来计算，都会产生时间成本。因为一些原本可以避免的问题而浪费时间，其代价是非常昂贵且令人沮丧的。生命短暂，浪费的时间一去不复返啊！

在科幻电影《时间规划局》（*In Time*）中，时间就是金钱——人们用分钟、小时和天来购买食物、房子、交通工具和所有你能想象的东西。街头恶霸通过杀人来窃取被害者的时间。浪费时间等于自取灭亡。在电影中有一幕经典场景，由贾斯汀·汀布莱克（Justin Timberlake）扮演的威尔·萨拉斯，救了由马特·波莫（Matt Bomer）饰演的富人亨利·汉密尔顿。当威尔和亨利到达安全地带后，亨利告诉威尔自己已经105岁并且开始厌倦活着。他问28岁的威尔，当他100岁的时候想做什么，威尔调侃道："我肯定不会浪费时间。"之后，当威尔睡着的时候，亨利把他的100年时间给了威尔并留下一张纸条，纸条上写着："不要浪费我的时间。"然后，他坐在一座桥的边缘上，等待自己生命中余下的时间全部用完。

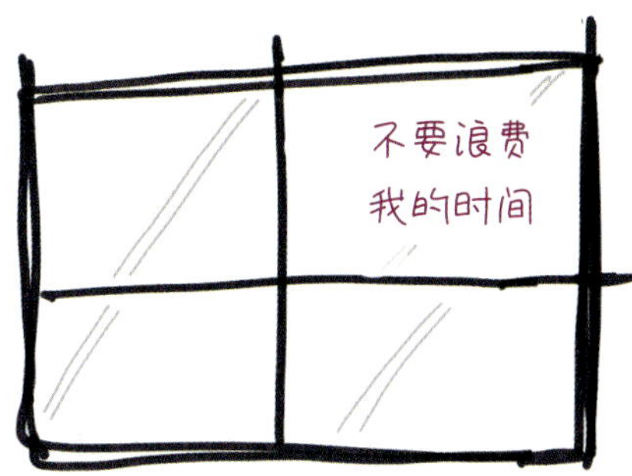

这个反乌托邦式的科幻电影反映了我们的现实生活——时间就是生命，要分秒必争。

工作者的时间被无休止的需求所占据。从开发人员到运营人员，都要满足现有和不断增长的需求。就这一点而言，无论是对于我毕业后的第一份工作（在波音公司担任软件配置管理主管），还是后来在夏威夷希卡姆空军基地设计和部署IBM大型机项目，都是如此。

一群人在我的办公室外排队等候，他们想要知道构建的进度。构建完成了吗？什么时候可以把代码打包并部署到有质量保证的网络环境中？我可以进行最后一次变更吗？我只想说：“请排队取号。我会尽快完成。你们的每次打扰都会使我的构建工作延误10分钟。”事实上，当开发人员和测试人员要求我更新状态时，就是出现更严重问题的征兆，而当时我并没有意识到这一点。

我的工作日程被成天的会议所塞满。除了晚上和周末，我经常在工作时被打扰。入职4个月以来，我在办公室通宵达旦地工作，在堆积如山的工作中尽一切可能追赶进度。当项目集经理第二天早上6点半到达办公室时，他以为我只是早来了而已。当听到我要回家打个盹时，他面露不悦。睡眠不足是我当时没有意识到的另一个危险信号。后来，在做了几年技术工作后，我意识到这种不懈的逞能行为（通宵加班、身兼两职、不停追赶进度）是不可取的，也是不可持续的。要知道，4小时的睡眠根本无法保证休息质量。

我们让自己和团队超负荷工作——这是信息技术部门的常态。此外，因为工作不停地被打扰，我们不得不停下一项任务转到另一项任务，从这个项目转到另一个项目，我们从来没有在一件事上花足够的时间来完成它。这种频繁的切换扼杀了我们集中注意力投入工作的能力。尽管我们希望很好地完成工作，但工作质量往往并不尽如人意。

问题在于，我们的工作流程是不正常的，企业也未能使用科学、可持续的方法来满足需求。我们经常看到，企业一直在用老套的方法让员工变得很忙。这些方法是不管用的，这也是企业的顽疾。如果员工能够及时、正确地完成所有工作，那也就没问题了。事实上，提交的需求量与人们处理这些需求所需的时间（能力）之间从来没有达到过平衡。这就是我们需要运用拉动方法的原因所在：在开始新任务前，我们可以使用看板法，确保有足够的时间并能集中精力来完成它。看板法是基于制约因素的可视化拉动方法，应该让项目人员在合适的时候拉动工作，而不是无视他们目前的工作量，直接将工作推给他们。鉴于需求和供给之间经常不平衡，而且也不可能按时完成所有的任务，因此，看板法有助于人们平衡所有的工作需求。

稍后，我们将讨论看板法在工作可视化过程中的具体应用。现在，我们只要知道看板法是一种使工作和问题可视化并能改善工作流动效率的方法。看板法可以帮助我们更有效率地完成工作，无须每晚加班。

看板的目的就是让问题浮出水面。

——大野耐一

2000年，我在比尔·盖茨创办的西雅图科比斯公司工作。我负责管理构建和配置团队。在2005年之前，我们在工程部门一直备受推崇。我们将试运行环境的数量翻了两番，由原来的2个试运行环境（7台服务器），变成现在的8个试运行环境（25台服务器，另加17个数据库）。我们在紧耦合、高依赖的体系结构中用手工方式进行配置。当时的首要任务是，业务部门要求我们同时开发两个新的主体系统，并希望先部署一个系统，再部署另一个系统。现有系统和两个新系统之间的依赖关系急剧增加。我构建和管理的服务器从25台增至200台。

为了处理这些变更，我们在源代码管理中创建并维护了其他长期代码分支，开发人员在这里签入（Check in）代码以确保安全。这个权宜之计有助于避免团队互相干扰对方修改的代码。你可以把长期代码分支看作一个单独储存代码的地方，在这里，看不到它对已经发布到生产环境中的代码所产生的影响。这就好像你又领养了一只老猫，然后祈祷它能与你现在这只更老一点的猫互相拥抱一样。因为有200多台服务器需要配置和维护，所以我们的配置管理能力得到了相应提升。将运营数据恢复到试运行环境，最多需要2周时间。我们每6周安排一次集成，这耗费了许多开发人员的时间。

我们的工作饱受争议。开发人员抱怨构建的耗时太长。当然，我也被惹恼了。我开始通过收集构建到配置的时间指标来证明他们是错误的。

我发现，正是“大泥球”（big ball-of-mud）式的架构设计给部署和环境维护造成了灾难性的后果。此外，手动烟雾测试（测试网站功能是否正常运行）延误了开发人员和测试人员看到最新变化的时机，而且缺乏自动化测试也降低了我们快速发现问题的能力。手动烟雾测试是例行要求。我们很快就发现上述两个问题不是真正的问题。结果，开发人员和测试人员都不满意，业务人员不满意，上司也不满意。在一个“无法交付产品”的团队中工作是令人索然无味的。比起团队合作，团队之间的障碍更占主导地位。这难道不是个糟糕的系统问题吗？！

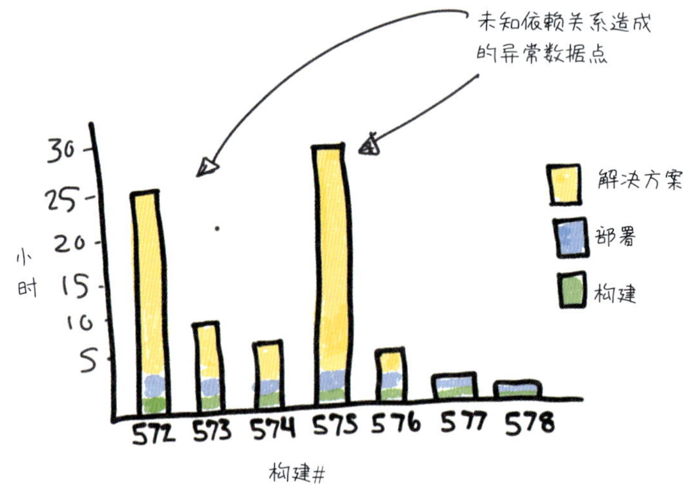

在饱受糟糕系统折磨的同时，首席财务官决定启用SAP系统来替代正在使

用的企业资源计划（Enterprise Resource Planning，ERP）系统。ERP系统是一个整合了计划、采购、存货、销售、市场、财务和人力资源等的信息管理系统。SAP系统是全球第四大软件公司SAP AG开发的ERP系统。

我的上司问我："你能把SAP团队作为构建和发布团队的一部分一同管理起来吗？"对此，我竟然傻乎乎地答应了。我也不知道我怎么会敢于让自己尝试更多的失败。我对SAP一无所知，当SAP变成我的职责内容时，我才感到紧张，这一决定让我在很多工作中都表现得大失水准。身兼数职是一个搞砸进度的"好"办法，我相信很多读者都深有体会。

当时，我没有意识到这些都是糟糕系统的危险信号。我能看到的就是我的表现不出色，我做得很不开心，于是开始考虑跳槽。

我更新了简历。

2006年，为了将源代码管理好，我们花了大量时间来分析和对比不同的工具。团队最终选择了团队基础服务器（Team Foundation Server，TFS），毕竟我们所在的是一家微软旗下的公司。我最终安装、配置和维护了TFS，在此期间学习了SAP，每周要面试新人，同时还要建立新的维护流程。这一流程使交付周期从每6个月1次变成每2周1次。

一位叫道恩·约翰逊的用户界面（User Interface，UI）开发人员发现了频繁交付成果的价值，并开始在例会中推广在固定时段进行小型交付的想法。道恩定期（每月2次）修复UI开发中的漏洞，并用这种方法来推动进程。在当时，这只是一项支持性的工作，却非常重要。这种定期进行的增量式和迭代式改进方法就是敏捷开发模式，它取代了传统的瀑布式开发模式。正是因为将敏捷开发方法引入我们的流程，促使我们开始考虑是否要采用更好的工作方法。

2006年4月，微软公司的苏格兰学者大卫·安德森来到了我们公司。他每月来公司教我们如何将制约法（Theory of Constraints，TOC）应用到实际工作中，并获得许可来撰写科比斯公司的敏捷变革历程。TOC可识别阻碍目标完成的最主要制约因素（也被称为约束），并系统地解除该制约因素，直到它不再是制约因素。我在阅读他的著作《软件工程的敏捷管理：应用制约法实现商业成果》时受益良多。当我们进行特性驱动开发（Feature Driven Development，FDD）时，要应用TOC交付商业成果。FDD是敏捷开发中的一种方法，它专注于通过跨功能的、协作的和有时间盒限制的活动来构建特性。正如达伦·戴维斯在他的博客文章《看板法秘史》中所写："大卫的方法在流程中不使用显性化估算，而是依靠数据提供概率统计的方法来确定软件可能的完成时间。"大卫让我们持续审查运营工作，并解释了对进度进行度量（或不度量）的重要性。学习如何度量颠覆了我的认知。咆哮或争吵于事无补，而度量任务周期（完成工作所需的时间）并将数据提交给领导层却很有效。这么做，我才能够影响领导层的决策并说服他们招募其他团队成员。

显然，我们有时会在企业的紧要关头感到迷茫。我们面临太多进行中的项目，在估算完成工作所需的时间前，我们很难看到：工作的等待时间比工作的执行时间要长。我们等待批准，等待别人完成工作后才能开始（或完成）自己的工作，而这些都需要时间。我们还要等待不被打扰的时间以集中精力完成工作。有时，我们要等一天，有时，我们要等一周甚至一年。在等待的同时，我们还要着手新的工作。众所周知，基于将资源利用率最大化的考虑，我们必须一直忙碌才行。

正如凯特·墨菲在其文章《无暇思考》中写的那样："在当代社会中，人们最大的抱怨之一就是日程太满、任务太多、工作量太大。当你在社交聚会上问别人的近况如何时，通常得到的回答都是'很忙''非常忙''忙疯了'，不再有人回答‘还好’。”我每天都能见到这种场景。当可以有一小段时间进行反省时，或者在等待会议开始前，电话又进来了。雄心勃勃的人沉溺于忙碌，但忙碌并不等于成长、进步或价值。忙碌通常意味着同时做很多事，但结果很糟糕。有时候，到公园散步并给自己思考的时间是过好每一天的最好方式。如果一位工程师无所事事地坐在那里思考15分钟，是不是太可怕了？

在科比斯公司，寻找为什么要同时处理很多事情的原因是很有启发价值的。首席财务官想要将新的财务系统上线，国际市场高级副总裁想要……媒体服务副总裁想要……销售部负责人想要……他们好像什么都想要。由此产生的业务优先级冲突不断，而这只是公司业务方面的情况。在工程方面，我们不仅需要满足所有的业务需求，还要执行内部改善和维护工作。此外，我们还需要在出现运营问题时放下手中的一切来处理问题——不管你愿不愿意，运营工作优先。当查看许多长期代码分支时，优先级冲突就更为明显。但是，我们很难清楚地了解同时处理很多事情的影响。管理无形的工作很难。对于无形的工作，别说无法察觉到自己已经筋疲力尽的明确提示，就连简单思考一下也没有时间。

我在科比斯公司工作了8年后，2008年9月，公司开始裁员，我是被解雇的42人之一。我决定尝试一些不同的做法。我找到了一份在AT&T管理项目集团队的工作。在那里，我从精益看板方法（我帮助科比斯公司创建的方法）又回到了瀑布方法（传统的软件开发方法，即等待前一阶段的所有工作完成后再开始下一阶段的工作），该方法基于以往项目的进度数据进行估算，这对我来说简直就是“开倒车”。2010年7月，我辞职了。

2011年1月，大卫·安德森给我提供了一个工作机会，即加入大卫·安德森协会进行“IT运营看板法课程”的研究、开发和讲授。当时，欧洲在看板法的应用上领先于美国，于是，我们在当年2月就开始在英国、瑞典和德国开展研究工作。同年3月，我们在波士顿开办了第一期工作坊。在那里，我还参加了由微软新英格兰研发中心（Microsoft New England Research and Development Center）举办的2011年度波士顿开发运营日大会（DevOpsDays Boston）并发表了演讲。

最初，我准备写一些参考资料以供学生在工作坊设计看板时使用。没曾想，这些资料也帮助我节省了不少时间。在这里，不仅可以学到如何将精益方法、看板和流动实践应用到自己工作中的所有知识，还可以与那些思想领袖学习方程式、基础理论和统计学。例如，如何定义精益方法？在该问题上，我更喜欢尼克拉斯·莫迪格和佩尔·奥尔斯特伦的定义。在他们的杰作《精益：解决效率悖论》中，他们将精益定义为：“一种以准时化和可视化管理为核心原则的流动效率策略。”

我们知道些什么呢？我们知道要交付运营来实现商业价值，这样才有竞争力。我们知道许多组织的运营部署策略缓慢而笨拙。我们还知道，当我们能明辨是非时，就会全力以赴。虽然这些道理似乎都是显而易见的，但我们总对其视而不见。

技术领域的发展丝毫没有减速的迹象。我们需要超乎寻常的速度交付新功能以赢得新客户并防止现有客户的流失。如今，很多客户都挣扎在生存线上，但他们自己还没能意识到这一点。现在就是提升工作方式的最佳时机。那么，我们该如何提升竞争力呢？

答案简单明了。不需要花很多钱，也不需要天赋或专长，你只需要从对每件事随意地说“可以”改变为只对最重要的事情谨慎地说“可以”，并且将

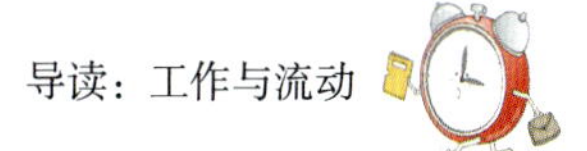

整个过程可视化即可。

解决方案就是设计和使用工作流动系统来做到以下5件事情：

1. 将工作可视化。
2. 限制WIP数量。
3. 度量和管理工作流动。
4. 有效地排序优先级（这会是个挑战，跟我来，我会告诉你方法）。
5. 从反馈和指标中获得经验并进行调整。

本书包括：

- 如何识别偷走时间的五只时间黑手。
- 如何曝光时间黑手，将工作可视化并优化工作流动。
- 如何使用反馈和指标。
- 哪种做法会使你陷入困境。
- 如何影响领导者决策。

本书提到的所有案例都基于我本人及其他一些遭遇过时间黑手者的亲身经历。有些人不想过多地“宣传”公司内部的糟糕情况。为此，我更换了当事人的名字，这么做既照顾了无辜者也不会让人有负罪感。我们必须解决系统性的组织问题才能获得成功。正如爱德华兹·戴明所说：“糟糕的系统总会让人无能为力。”

本书是关于使用精益方法、看板法、流动方法来加快工作速度，提高工作效率的一份说明书、一份操作指南，同时也是一份商业指导手册。

本书提到的内容也许不适用于你的具体情况。本书主要针对IT行业，也包括几个非IT行业的案例。你只需要获取那些适合你的，至于其他内容，你也可以借鉴，例如，观察公司其他部门的人员或竞争对手，或许他们正在面临本书

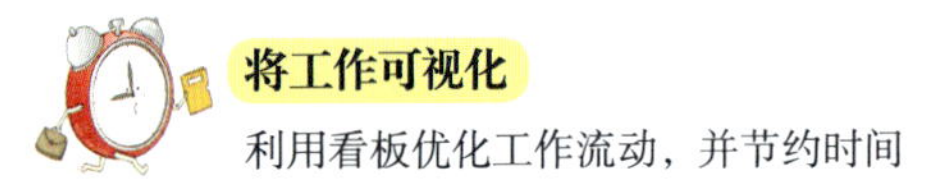

所描述的问题。在本书的第2部分中，每章都提供了我在工作坊中的练习，我会逐步介绍一系列的实践方法，旨在将工作可视化，从而发现问题并提高工作流动的效率。我按顺序撰写这些内容，因此你最好按照章节顺序来阅读。

向读者解释本书的概念是相对简单的，但要让你接受并按照我提供的方法来做就不容易了。改变自己是人类共同的难题。因此，在深入研究工作流动前，让我们先探究到底是什么削弱了你快速完成任务的能力。只有深究导致你目前工作超负荷的原因，才能洞察和认知真相，也才能更好地进行应对。让我们一起开始吧！

目 录

第 1 部分　五只偷走时间的“黑手”

第1章　太多WIP …… 004

第2章　未知的依赖关系 …… 013

第3章　计划外工作 …… 019

第4章　优先级冲突 …… 024

第5章　被忽视的工作 …… 029

第 2 部分　如何曝光时间黑手并优化工作流动

第6章　将工作可视化 …… 037

练习：需求分析 …… 048

练习：识别任务类型 …… 049

练习：设计任务卡 …… 049

练习：创建工作流动 …… 050

第7章 “擒贼先擒王” …… 052

练习：找出时间黑手存在的原因 …… 059

第8章 建立依赖关系 …… 061

练习：“顺便说一下”依赖关系矩阵 …… 069

第9章 消灭元凶——计划外工作 …… 072

练习：减少干扰的实验 …… 079

第10章 优先级、优先级还是优先级 …… 081

练习：将优先级可视化 …… 090

第11章 谨防疏忽 …… 092

练习：创建呆滞工作报告 …… 099

第12章 看板实例 …… 101

第3部分 指标、反馈与环境

第13章 指标或预算 …… 114

第14章 抓获时间黑手的“聚光灯”工具 …… 129

第15章 运营评审 …… 133

第16章 开会的艺术 …… 138

第17章　不良实践 …… 145
结束语 …… 155
术语表 …… 162

第1部分

五只偷走时间的“黑手”

偷窃是犯罪，也是一种令人不齿的行为。

——《鬼魅的大窗》，莱蒙尼·斯尼凯特

如果你的钱包被偷了，你会马上知道。如果你的公司门卡被偷了，你到了公司门口就会知道。如果你打开茶水间的冰箱发现午餐不见了，你的同事就会知道。为什么你那些一去不复返的时间被偷了，你却不知道呢？时间可是比钱包、门卡或午餐更珍贵的东西啊！

我们一边抱怨自己每天的时间不够用，一边羡慕别人似乎很悠闲。其实，每个人每天都只有24小时。问题在于我们没有管好自己的时间，也没有防止时间浪费，只是日复一日地放任自己的时间被偷走而已。

偷走时间的“黑手”有哪些？有五只阻碍工作完成的时间黑手：

1. 太多WIP——已经开始但未完成的工作，有时被称为部分完成的工作。
2. 未知的依赖关系——必须在任务完成前发生，而你不知道的事项。
3. 计划外工作——妨碍你完成某事或导致你无法实现里程碑的干扰事项。
4. 优先级冲突——相互竞争的项目和任务。当你不确定做什么事情是最重要的时候，就会加剧这种冲突。
5. 被忽视的工作——在完成了一部分后就被晾在一边的工作。

这五只时间黑手就藏在你的眼皮底下，在你的工作中肆意横行。好在时间黑手在作案现场会留下蛛丝马迹。如果想要完成任务，我们必须将它们抓个现行并将它们的罪行曝光。一旦抓住了这些时间黑手，就可以开始采取行动来解决这些隐藏的问题。这样，才能扭转不利局面，夺回控制权，做出改进，而不是任其摆布。

NOV
18

第1章 太多WIP

不要忙碌终生却一无所获。

——苏格拉底

周六早上9点，在一幢木屋的楼顶上。

男主人正在完成任务清单中的一项任务（任务清单上的任务都是其妻子要求的，见图1）——拆除屋顶。这些年来，男主人什么都干，从修理电器到治理污水系统，从铺设电线，砍倒90英尺高的雪松，挖地基到安装地板、暖气、管道、电线和屋顶，直至一步一步地建好小木屋和车库。

任务清单

- 布好排水管
- 清理车库
- 安装窗户
- 给院子装栅栏
- 劈柴
- 装火炉
- 建露台
- 挖排水沟
- 清理屋顶

图1　任务清单

刚刚，他对无钢筋的空心砖地基进行了防震加固。我是他的助手，帮忙拿卷尺，检查安全措施，并做些拆除和清理工作。一天，当我和他一起拆除一座老旧并摇摇欲坠的24×36英尺的外屋（我站在地面上，而他站在屋顶上）时，我随口提议应该在后方40英尺处修建一个16×24英尺的温室。我亲爱的丈夫站在25英尺高的烂屋顶上，有些不可思议地

看着我说："亲爱的，你没看见我已经非常忙了吗？"

技术部门并没有包揽太多的工作。那些有能力的人往往会收到一长串的任务清单。对于能够建造或修理任何东西的丈夫来说，如果妻子向他提出了一长串要做的事情，他很难拒绝（除非他正站在25英尺高的烂屋顶上）。

人们总有各种各样的理由不说"不"。首当其冲的原因就是，我们喜欢向我们提出需求的人。在办公室也是如此。网络工程师肖恩给了我一份工作，该工作会影响我手头上正在进行的工作，但我认为他人很好，并愿意在他需要的时候提供帮助。而卡洛斯呢，他在两周前就知道要更改端口，却在周五下午五点才告诉我。我心想："我真不想帮这个家伙。"

更多的"不"，更少的WIP

当我问一些人"为什么会承担这么多超出自己能力范围的工作"时，他们通常会给出5个主要原因：

1 我们是团队合作者，我不想成为拖团队后腿的人。

2 我们害怕丢脸，我不想挨批评或被炒鱿鱼。接受比拒绝更容易做到，面对你的上司时更是如此。在一些企业的文化中，拒绝管理者的要求是很危险的。

3 我们喜欢新任务和受到重视，这比完成一些复杂而乏味的任务要有趣得多。

4 在开始工作前，我们不知道这个需求有多复杂："哦，没问题，我几小时就能搞定。"但实际上完成这个任务需要更长的时间。

5 我们喜欢取悦他人，我们通常都不会拒绝他人提出的需求，因为我们想要一种被喜欢、被崇拜和被尊敬的感觉。

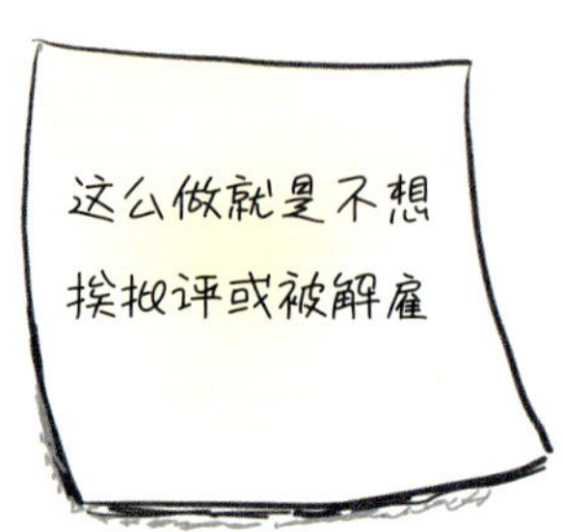

安大略省滑铁卢大学社会心理学家、管理学教授瓦妮莎（Vanessa Bohns）说："归根结底，我们想和别人搞好关系。我们不想拒绝别人，我们不愿被人轻视……实际上，我们是在管理别人对我们的印象。"另外，当你要求他人做事时，很少意识到这是对他人施加影响，当他人感受到你的权力和地位时，影响尤甚。

从理论上说，太多WIP就是因为向团队提出的需求超出其能力范围造成的。一种很老套的说法是日程安排得太满，团队被工作困住了。一天中的每分钟都被占用（或者资源利用率为100%）。能力越强的人，任务清单也越长。人们竭尽全力来满足所有的需求，如排除故障（一些影响网站功能和正常运行的服务器配置问题），雇用新成员，完成绩效评估等。就像我们在吃得太饱时，消化系统会提醒我们一样。如果一天中的时间都被太多的会议占满，以致在下午6点前我们都没空处理待办事项时，太多WIP这只时间黑手就会找上门来。

为什么会有太多WIP

造成太多WIP的原因有很多。它会导致很多问题，包括交付价值延误、成本增加、品质下降、优先级冲突和员工情绪恶化等。当我们还未完成当前任务前就开始新任务时，WIP的数量就会增多，完成任务所需的时间也会变长。完成任务的时间过长，就无法更快地实现其价值，会带来潜在的损失。我们用周期时间（Cycle Time）作为度量指标。周期时间就是完成一项任务所花费的时长。此外，应更早地认识到太多WIP会推迟商业价值的实现，这就是延误成本（Cost of Delay，CoD）。延误成本是一个用于反映价值和紧迫性的概念——度量时间对期望产出的影响。例如，客户在这个月而不是下个月购买我们的产品。

当你因满足了其他需求而延误交付新功能时，新功能就会产生延误成本。这意味着，客户反馈滞后、利润减少或销售先机丧失。当你向客户交付新功能时，客户有可能被其他供应商“截胡”。因为你增加的内容越多，客户等待的时间就越长。等待太久，客户就会转投他处。一旦客户选择其他供应商，你就白干了。也许，你认为这么做是值得的，但真的是这样吗？

总体上，我将客户定义为两类：

外部客户：在组织外部购买或使用你的产品或服务的人。如果他们有了更好的选择，你就会失去收入。你也可能面临一些风险，例如，有人在公司的脸书或亚马逊页面上给出差评。

内部客户：在组织内部向你指派工作或使用你的工作成果的人。开发团队是安全工程师的客户，他们检测产品或平台缺陷。员工是经理的客户，他们负责提供反馈。内部客户会影响WIP。例如，当会计的电脑被锁住时，技术中心的WIP就会增多；当技术专员在他的日程中添加一个新会议时，营销团队的

WIP就会增多；当副总裁聘请第三方公司来构建新的集成服务器时，平台运营的WIP就会增多。

WIP是周期时间的先行指标。要同时处理的项目越多，随之而来的依赖关系和干扰就会越多。滞后指标聚焦结果，通常是些已经完成的绩效数据。以技术和业务为度量标准的大多数指标都是滞后指标，如交期（从第一次提出需求到实现需求所经历的时间）、周期时间和产出量（一段时间内完成任务的数量）。

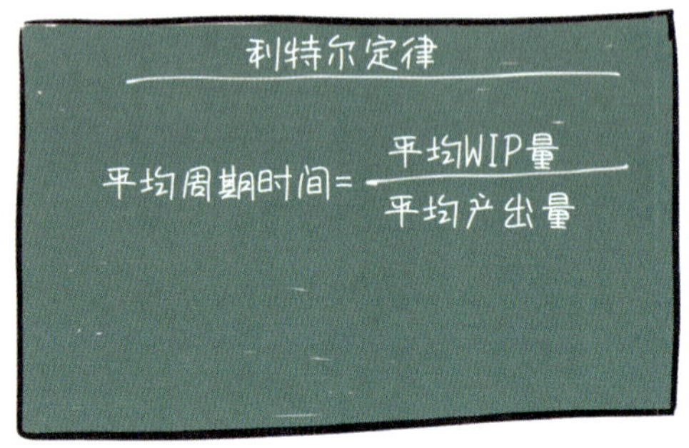

WIP量和周期时间之间的关系，叫作利特尔定律（Little's Law），即完成任务的平均周期时间等于WIP量和产出量之比。WIP量是该等式中的主要因素。试想一下你就清楚了：一旦上了一条拥堵的高速公路，你就会知道通勤时间会因此而变长。此时，太多WIP就成了罪魁祸首。

在以下情景中，太多WIP这只时间黑手会偷走你的时间。

内容切换成为常态。当计算机进行内容切换时，它将保存正在执行的进程状态，以便在重新调度时，可以将状态恢复到正确的位置。因为计算机每秒会处理数百个内容切换，所以在任务间高速交替或切换时，中央处理器（Central Processing Unit，CPU）会同时执行多个任务。正如托德（Todd Watts）在其博客文章《用DevOps解决内容切换的不利影响》中所写：内容切换的成本，包括管理存储和恢复状态的过程，对操作系统（Operating

System，OS）和应用程序都产生了负面影响。因为内容切换会涉及更改大量数据，所以它是OS中代价高昂的操作之一。

与计算机一样，人们在不同任务间进行切换时也会产生费用。当涉及人力资源时，这个费用要高得多。在数据结构中，包含了所有寄存器和特定OS数据的信息，以及恢复进程的准确切入点。对于我们的大脑来说，这些信息不会像在CPU中那样被自动重新调度。计算机中的内容切换有一个程序化的流程。

当内容切换成为常态时，人们就会司空见惯。流动（Flow）鼓励聚焦，其特征是完全专注在你所做的事情上（精力集中）。这是能够带来高生产率和满足感的最佳状态。流动会在内在驱动力和旺盛的创造力中得以实现。

为了取得进展，专注于手头的任务是非常重要的。当我们被电子邮件、就餐、同事或社交媒体打扰时（在注意力被分散时），将很难取得进展。当我们分身乏术时，例如，你既要交付新产品，又要进行运营维护，就会根据自己认为的优先级对进展中的任务进行调整。当你的工作被打扰，之后你想回到原来的工作时，之前的工作又要全部重新开始。流动是需要“免打扰”的。

让你的客户等待很长时间。流动也需要一定的效率。当谈到流动效率时，首先要考虑客户需要等待多长时间。在现有项目完成之前就开始新项目，工作就会积压，此时会需要更多的资源或者人力。从客户的角度来看，优先开始新工作而不是优先完成已经开始的工作，这种做法是低效的。如果我正在写一篇关于看板的博客文章，流程的下一步是交给市场部的某个人进行编辑，那么在市场部完成编辑之前我又写了一篇关于开发运营（DevOps）的博客文章，这就意味着，当编辑给我反馈时，我不得不进行内容切换。

影响质量。太多WIP会影响质量。当我在科比斯公司担任新SAP团队的管理者时，我给自己找了麻烦。我必须学习一个复杂的大型主机产品，同时在继续原来工作的基础上还要建立一个新的团队。从十七年前大学毕业后的第一份工作到现在，我都没有接触过大型主机，而且我对SAP系统一无所知。我没有花时间把它学好，因为我的职责范围内有太多其他的事情要做。回想起来，结果也在意料之中：无论是团队、SAP，还是我的其他职责都没有得到足够的重视。这导致团队的管理不善，让我非常烦躁。

恼怒的员工。内容切换让人恼火——你很少有足够的时间做好工作，也没有足够的空间完成任务或掌握技能。美国心理学家哈里·F.哈洛（Harry F. Harlow）在丹尼尔·平克（Daniel Pink）的《驱动力》一书中说道："快乐在于追求，而非实现。说到底，掌控之所以如此吸引人正是因为不容易掌控。"不容易掌控是因为在被干扰前，没有充足的时间来做一件需要较长时间和深入研究的事情。

干扰会阻碍深度思考。在电影《神探福尔摩斯》（由英国广播公司改编自柯南·道尔的著名侦探小说）中，福尔摩斯在进入他的"记忆宫殿"时，他的思维状态最佳。他使用一种名为轨迹记忆法的心理技巧，到类似储存记忆心理地图的记忆银行提取记忆。但他需要一个不被干扰和打扰的环境，如果被打扰，他就会变得很暴躁。这是有原因的——在沉思的时候被打扰是令人非常恼火的。时间黑手喜欢潜入深度思考的领域，正如大卫·洛克（David Rock）在《你的大脑在运转》一书中所述："克服干扰，集中注意力，才能保证一整天高效工作。如果被干扰，可能需要花费20分钟才能回到之前的思考点。"

当有人问你是否可以占用5分钟，你答应了。当有人问你："可以占用你五分钟吗？"你答应了，结果导致你工作到很晚。这令人苦恼，有时也让人筋疲力尽，而我们就是这样对待自己的。即使我教授这门课程，也会陷入这个困境。出于自我保护，我们从说"可以"中获得了更多的内啡肽，这个诱惑足以让性情暴躁的人也想说"可以"。

然而，一直说“可以”是没有效率的，而且夜以继日地工作也是令人难以忍受的。用看板可以帮助你更好地完成任务。

看板在日语中是“信号卡”的意思，即一张简单的任务卡，表明你有时间做一些事情。当你从看板的待办事项列表中抽出一张任务卡放到正办事项区域时，就表示你有时间做该任务卡上的工作。

正办事项区域的任务卡数量显示了看板上WIP的总数。图2所示的看板显示了4个WIP。看板是一个拉动系统，会限制WIP数量。当完成一张任务卡上的任务后，它表示有可用的资源，接下来就将另一张任务卡拉到正办事项区域。对于看板上的工作流动，可通过限制WIP数量和拉动策略来实现。如果WIP数量合理，系统就不会过载。如果要对WIP数量加以限制，你就可以说：“抱歉，我现在不能承担更多的工作。”减少WIP数量的目的是解除约束而不是增加约束。适当的WIP数量能够让我们保持合理的工作量。

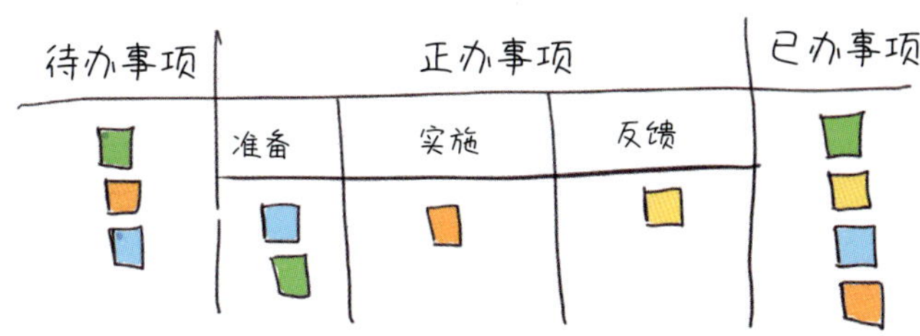

图2　准备、实施和反馈看板

“好的，我会做。”你同意了同事提出的要求，并将新任务排在其他待办事项之前。泰布勒公司的管理者丹·威特布鲁克（Dan Weatbrook）把这种做法称作“来者不拒”。这么做，必然会导致插队，也会让窃取时间的黑手有机可乘。这也是为什么待办事项列表中的任务要花很长时间（有时甚至永远都无法完成）才能拉到已办事项中的原因之一。

突然出现太多WIP的原因涉及所有的时间黑手。太多WIP是罪魁祸首，其他时间黑手则由这个持续不断的麻烦制造者派生出来。稍后，我们将详细解释这些时间黑手之间的相互作用关系。到目前为止，我们了解到了这个罪魁祸首，现在让我们来总结它的一些情况，然后再讨论第二只时间黑手——未知的依赖关系。

关键点

- 无论多忙，我们都会对任何要求说“可以”。
- 太多WIP妨碍我们及时完成任务，导致质量下降、成本增加和员工不满。
- 太多WIP与周期时间有关；WIP的积压会导致其他任务被搁置，等待解决问题的时间会变长。
- 内容切换会浪费时间，是导致太多WIP的主要原因。
- 当日程被排满时，我们要学会拒绝额外的工作。

第2章 未知的依赖关系

自由的定义就是没有依赖！

——达达·巴格万

我有个朋友在一家年收入230亿美元的公司工作。该公司的X产品团队部署的一个新组件导致Y产品团队开发的Y产品（包括X产品团队的X组件）无法正常运行。现在，Y团队的客户必须为新的组件多支付500万美元。在此之前，客户已经花了1 000万美元买了Y产品，但旧的Y产品已经无法使用并不再享有后续服务。在该场景中，客户使用X和Y团队共同构建的部件。Y产品要求X组件正常运行。Y团队的客户想要满足需求的唯一方法就是购买新的X组件。

现在，这家公司面临着一场重大的公关危机。由于两个产品团队互不沟通，结果导致公司失去了大量的市场份额。Y团队完全没有预见到X团队决定发布一个与自己产品有依赖关系的新组件。针锋相对、互相指责的戏码开始上演，副总裁对此头疼不已。当团队没有意识到关键信息的交互关系时，其代价是非常昂贵的。这就是因未知的依赖关系而引发的典型问题。

下面来定义依赖关系。在我看来，依赖关系有3种类型：

1 架构（包括软件和硬件）。一个组件的变更可能破坏另一个组件（如导致它停止运行）。

2 专业知识。从专家那里获得建议或帮助（需要怎样做某事）。

3 活动。直到活动完成才能取得进展。

如果你的上司被陷在会议中，导致你无法在当天获得他对研讨会的批准，那么此时你与上司之间就有了依赖关系。另一个例子是，有些工作需要等待测试环境或从运营中恢复数据库，才能进行下一步工作。

紧耦合的软件架构是未知的依赖关系这只时间黑手的受害者。当你决定从数据库中移除对其他团队不利的表格时，未知的依赖关系会占用你很多时间，这是软件代码依赖关系的例子。

专家的专业技能也有被未知的依赖关系这只时间黑手攻击的风险。在等待安全专家的反馈时，开发人员会质疑："在这段代码中是否存在未知的缺陷？"而此时，安全专家正忙着探究别人是如何入侵目前尚不安全的数据库的。数据库架构师希望得到以下问题的答复：测试环境中的数据是否有误？他们能检查一下吗？同时，他们还要协助安全专家。当你是团队中唯一拥有专业技能的人时，就要满足很多方面的需求。这往往会造成瓶颈。对专家技能的需求通常会很强烈，当你要寻求帮助时，专家资源往往已被占用。此时，未知的依赖关系这只时间黑手正在一边幸灾乐祸。

当第三方供应商对你控制之外的事项进行变更时，也会出现类似问题。主要的云服务提供商，如亚马逊云（Amazon EC2）、微软云（Microsoft Azure）和谷歌计算引擎（Google Compute Engine，GCE），提供了"服务水平协议"的策略，以确保客户在99.95%的时间内能够正常使用其购买的服务。这相当于允许每月有22分钟的宕机时间。当云服务器出现故障时，你也会被麻烦缠身，未知的依赖关系这只时间黑手就会嘲笑你。诚然，云服务供应商对你来说属于已知的依赖关系，但你知道它们在什么时候会罢工吗？当团队意识到是云服务供应商的数据中心导致了当前问题之前，他们花了多长时间来排除故障？即便是云服务供应商的问题，由于合同协议的限制，你也会遭受损失。也许，你可以用时间来弥补，但一旦发生故障，尝试恢复丢失的数据会耗费多长时间？将团队处理此类突发事件的时间汇总一下，再算算总共浪费了多少时间。

为什么依赖关系很重要

每种依赖关系都会使延期或推迟的可能性加倍。

——特洛伊·莫根尼斯

在华盛顿特区举行的2015年度敏捷会议上，特洛伊·莫根尼斯就依赖关系进行了一次颇具启发性的演讲。特洛伊使用基本的布尔逻辑（所有值非真即假）来说明：只有一种输入组合才能实现准时交付。每删除一个依赖关系项，延误的总概率会降低一半。换句话说，如果要求按时完成所有任务，那么每删除一个依赖关系项都会使得准时交付的概率增加一倍。

来看一个例子。如果交付成果需要两个输入，那么准时交付的概率只有1/4。2^n（二进制数）中每个数出现的概率可通过二进制排列总数的公式来计算。

数学很有趣！你知道的。在二进制中只有0或1。排列是安排许多任务的一种方法。二进位制是二进制数的安排方法。2^n表示2的n次方，当输入为2

时，n=2，然后2乘以2，等于4或2^2。

让我们把它们写下来，2个输入有4种可能。

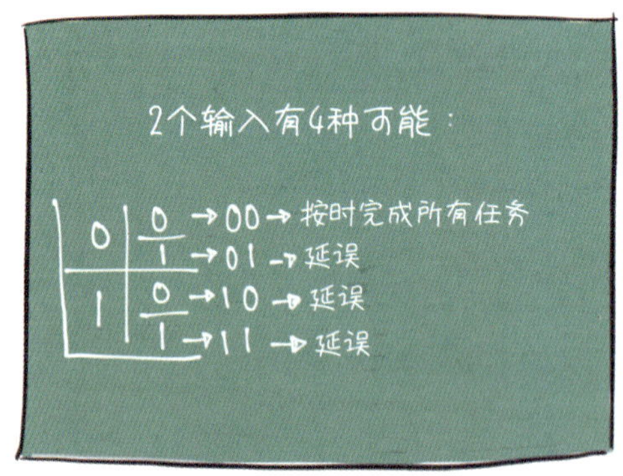

如果需要3个输入才能输出成果，那么准时交付的概率就只有1/8了。

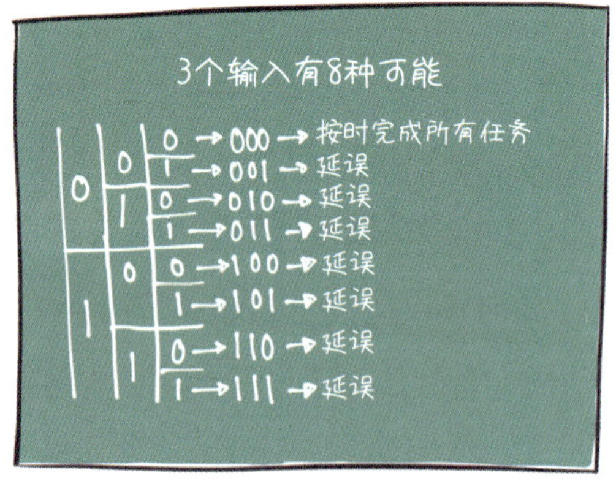

如果解除某个依赖关系，准时交付的概率就会增加一倍（从1/8增加到1/4）。但准时交付所有成果的可能路径仍然只有一条。

假设你和3个人约好在一家高级餐厅共进晚餐，大家都单独前往。你被告知在所有人到齐之前不会安排餐位，这时就会出现16种可能的结果。

换言之，大家到达的情况会有16种概率组合。如果你把概率组合图画出来，可以看到，有15种输出都包括了至少有1个人迟到的情况，只有1种输出代表了所有人都准时到达。依赖关系的影响是不对称的。在4种依赖关系里，你不会被安排餐位的概率不是25%，而是93%（15除以16）。16种可能性里有15种都代表有人迟到，这个可能性要高得多。是时候取消预约改去汉堡店聚餐啦！

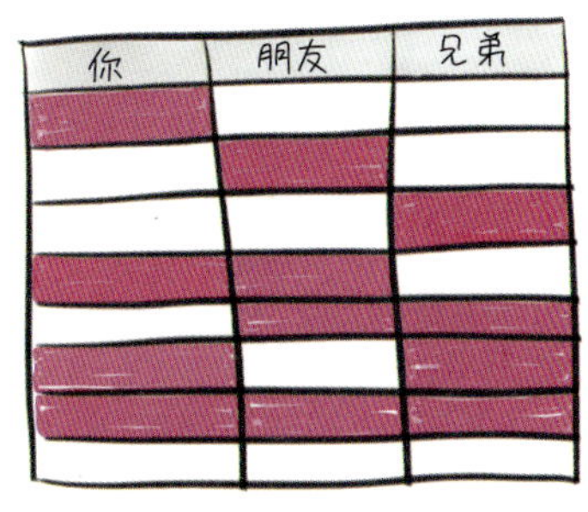

图3 三方依赖关系图

图3是一个三方依赖关系矩阵，用来将这3种依赖关系可视化，其中，全部准时就座的概率为12.5%（1/8）。当增加一个依赖关系项时，全部准时就座的概率就变成了6.25%（1/16）。除非他们都在运营部门上班，否则他们永远不会早早下班，准时到达。

在以下情景中，未知的依赖关系这只时间黑手会窃取你的时间：

- 对协同的要求很高，项目经理需要四处协调，让每个人都相互配合。
- 当你需要配合时，团队成员却没有时间。
- 代码、大纲或计划的某部分发生变更，意外地引起其他部分的变更。

当附近的比萨饼店将2个以上的比萨饼送到同一个会议室时，你就要当心了。一个“双比萨饼团队”有5~7个人，两个比萨饼就够大家吃了，当然这也取决于每个人的食量大小。如果要召集3个“双比萨团队”开联席会议来讨论彼此之间的依赖活动，那么协调成本就会很高。15~21个人相互调侃对方的观点，这会浪费很多时间。回想一下，上一次15个人达成一致是什么时候？当要求高度协作时，有些团队成员可能永远无法配合。

小团队可以快速行动。没有什么比一小群有凝聚力的人更能有效沟通和协作了。当跨团队活动产生依赖关系时，就会出现问题，甚至会导致任务受到干扰。当一个团队发起一项不兼容的变更而破坏另一个团队所开发的功能时，这个影响可能是毁灭性的，正如本章开头提到的我朋友那个230亿美元的公司出现的情况一样。当我们试图将团队分成多个小组来提高绩效时，如果存在未知的依赖关系，就会带来隐患。

跨团队交流是非常困难的。当多个“双比萨饼团队”存在很多依赖关系时，就要花费大量时间来协调处理代码间的兼容问题（要将不同团队开发的代码进行合并），此时小团队的优势就会丧失。小团队反而会因整合而增加成本。我们喜欢小团队是因为它可以快速行动。也要认识到，单个团队虽然可以快速行动，但要付出的代价是整个组织会行动缓慢。

最后，请记住，太多WIP这只时间黑手所具有的常见属性：高成本的内容切换和代价昂贵的干扰。注意力分散是高质量知识工作的最大障碍之一，每年因此损失将近1万亿美元。

关键点

- 如果团队不交换关键信息，代价将是高昂的。
- 架构、专业知识、等待的活动是我们遇到的常见依赖关系。
- 每个依赖关系都会增加延误交付的概率。如果可能的话，通过减少依赖关系来节省时间和成本，并避免其他并发症。相反，你发现并消除每个依赖关系都能使准时交付的概率翻倍。
- 在要求密切协作时，你需要的资源可能无法及时得到。同样的道理也适用于专家——当人们对某项技能的需求量很大时，往往很难得到专家的支持。
- 当涉及依赖关系时，单个团队的绩效会不错，公司的整体绩效却不佳。

第3章 计划外工作

我们最终会以意想不到的方式而非原先计划的方式使用代码，而且使用时间要比预期长得多。

——约书亚·柯曼

周二早晨，美国的一个市区。

一名业务高管从自己公司产品与另一个软件的集成中看到了商业机会。他聘请了第三方团队来整合这项新业务，并承诺不会对第三方团队造成任何影响。

该外部第三方团队设计了一个整合方案，却忽略了快速增长的用户数量，最终导致数据库的负担过重。由于数据库服务器过载，结果触发了服务器警报。运营人员不得不停下来处理这个已然是最高优先级的任务，即为数据库排除故障。在2小时（外加2杯咖啡的时间）后，问题得到了解决，大家终于可以重新返回在此之前的高优先级工作……而他们原本要在10分钟后召开会议，这可不是业务高管想看到的结果。

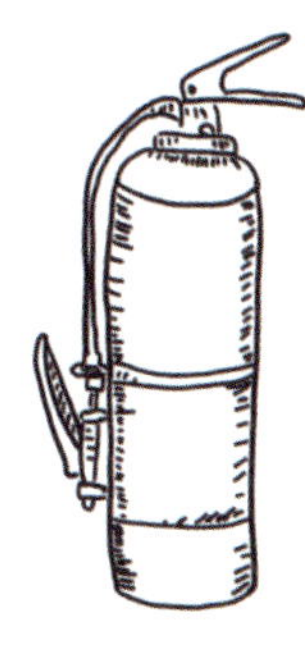

人们经常被干扰，导致要从重要的工作中抽身。干扰（计划外工作）会令人措手不及。这位高管好心办了坏事，因为这个干扰产生了负面影响，导致高优先级工作被迫延误。花在原来工作上的时间已经不可挽回地流逝了。这就是计划外工作带来的问题——导致计划工作延误。这么做的后果只是增加了系统的不确定性，并降低了系统的可预测性。

有时，战略变化，如“改变向所有客户推销的方式，只专注在大型企业客户上”，会不可避免地产生一些计划外工作。通常，计划外工作都是以不必要的返工或要求加快进度的方式出现的。这些都是一些因失败而引发的“星星之火”。因失败而引发需求也是计划外工作这只时间黑手的惯用伎俩。当然，有时来自其他团队的依赖关系比不响应你的需求的风险更高。通常，这会将团队需求先上升到共同的领导者那里，然后再下达给底层的直接责任人，这么一来就会占用或延后了该责任人的午休时间（但愿他还有时间吃午餐）。

在这里要先澄清一下，我并不是建议所有的工作都要经过事先计划。对一个复杂项目进行规划时，期望预先知道所有事情是不现实的（甚至是妄想）。恰恰相反，我们对未知的东西知之甚少。有时改变战略方向是必要的，因为在我们努力解决问题的过程中会出现新的信息。敏捷方法的一个主要价值观就是鼓励响应变更，而不是遵循计划。生活是多变的，变化是必然的。这是一个定律，确切地说是热力学第二定律。

为什么计划外工作很重要

计划外的紧急工作会占用宝贵的工作时间。《2016年度开发与运营报告》中的调查数据显示，高绩效员工通常比普通员工在计划工作上多花28%的

时间。计划外工作被认为是一项质量指标，因为计划外工作越多，创造价值的时间就越少。“随时待命”往往会降低工作绩效并导致更多的可变性。

如上所述，计划外工作占用计划工作的时间。然而，计划外工作有时挤到优先队列前面是可以理解的，也是必要的。如果“请看下为什么没人能登录这个网站”是新的需求，那么你别无选择，只能先放下手头的工作来解决这个问题。不可预知的需求变化会降低按预期交付产品的能力。

你要知道计划外工作这只时间黑手会占用你的时间，而且紧急事件使人们无法集中精力创造价值。这体现在任何事上，从一次计划外的消防演习到一个频繁使用的程序出现故障，都增加了我们日常工作中的不确定性和可变性。因为这些干扰，其他事情将会比预期花费更长时间才能得以完成。如果工作经常被推迟，就说明计划外工作（失败引起的需求或战略方向的改变）不仅占用了你的时间，而且影响了你的可预测性。

事实上，我们都在相互依存的关系网中工作。人与人之间互动的复杂性会产生一些节外生枝的东西。只有在一个变化和不确定性盛行的复杂世界里，计划外工作才会大行其道。

计划外工作不仅会导致其自身带来的问题，还会产生更多的WIP：内容切换、干扰、任务延误和成本增加。当计划外工作（如修复网站上的失效功能）悄悄入侵你的日常工作时，就会增加你已有的工作量。干扰你日常工作的计划外工作越紧急，被挤掉的计划工作就越多。计划外工作和太多WIP之间的关系是既交叠又相互依赖的，这使得成堆的计划外工作无法完成。除非你不断加班加点，否则你无法完成本职工作。功能过度会成为常态，最终还会导致功能失调和不平衡。你要尽早学会如何识别和处理计划外工作这只时间黑手所造成的问题，这非常重要，而且你越早行动越好。

计划外工作增加了风险和不确定性，降低了可预测性并令人沮丧。但这并不意味着我们束手无策，任由计划外工作横行霸道，我们当然有反制的办法。

将工作可视化是反制诸如计划外工作这些时间黑手的重要方法，也是在本书中反复讨论的看板法的核心要素。看板任务卡展示了传统方法很难看到的各种信息。看板任务卡通过看板来展示信息，并回答各种问题，例如，“正在进行什么工作？”“工作处于什么状态？”“谁负责什么工作？”所有重要的信息在看板上都可以看到，所以你不必追着员工询问发生了什么事，也不必等到一份正式的每周简报后才能一窥进展。

关键点

- 计划外工作会增加系统的不可预测性。
- 计划外工作对可预测性和预期产生不利影响，会让进度变得遥遥无期。
- 执行力强的公司花在计划外工作上的时间少于执行力弱的公司。
- 我们有时别无选择，只能放下手头的工作处理紧急的计划外工作。
- 计划外工作会占用计划工作的时间。
- 计划外工作很难被看到，但要努力让其可见。看板通过将工作可视化来帮助我们更好地应对和预见计划外工作。
- 为计划外工作预留一些资源。

YOGA
2 days remaining
535 | 536
NOV 18
taxes
Report Due Friday
Car to shop !
22

第4章 优先级冲突

专注会让你远离那些你不打算做的事情。

——约翰·卡马克

设想一下，有41名IT运营工程师在一家成功的游戏公司工作。他们聪明、忙碌且收入可观。飞奔的身影时不时地在办公室中闪现，一切似乎都在蓬勃发展。当你站在办公室中观察一段时间后，就会发现有些地方看起来不太对劲。

团队很少举行每日站会（15分钟的站立会议，在会上，团队成员互相检讨阻碍进度的原因），更多的是坐立不安而不是讨论。运营副总裁半开玩笑地说，他去CEO办公室就像见校长一样。频繁进出两位项目经理办公室的人都显得忧心忡忡，这些焦虑的人都是想要获得项目状态更新的产品负责人。他们想了解项目的唯一途径是通过项目经理，但是这两位项目经理正忙着规划产能和采购硬件。这些任务清单被记录在报事贴、记事本和任务日历上，也就是说，任务清单被分散记录在各式各样的清单制作工具中。

项目经理站在墙上挂着的72寸显示屏前主持站会。为了解状况，项目经理走访了运营团队，要求他们识别受阻的工作和妨碍任务完成的其他问题。

项目经理希望运营团队能够帮助消除项目障碍，并向产品负责人提供准确的状态更新。但是，当项目经理询问运营工程师是否有人会延误进度时，运营工程师要么一脸茫然要么沉默，因为他们不想对别人说三道四或让团队成员陷入麻烦。这样一来，项目经理就无法真正了解造成延误的问题。

在团队站会中经常出现的一种场景：运营工程师试图从项目经理那里弄清工作优先级，而项目经理试图从运营工程师那里了解项目进展。这两种情况的共同点就是优先级不明确。不可见的工作和不可见的优先级妨碍了工程师、项目经理和业务人员之间为取得有效进展所进行的协调。这一切再次说明了让每个人的工作可视化的必要性。

然而，许多人会对真正的进展感到疑惑。一个看起来忙忙碌碌但不能交付产品功能的工程师团队是非常危险的。拥有一堆完成率为90%的项目对公司而言毫无意义。销售人员无法将功能不足的产品卖给客户。只有在客户可以使用的情况下，产品才有价值。

回到刚才提到的站会，在显示屏的左上角显示的是运营团队需要优先处理的四件事：扩大产能、修复故障、安全性和站点可靠性。如果设定了优先级，团队就可以优先处理自己的工作了。

这41名运营工程师组成了一个团队，他们负责33个项目，超过一半的项目被认定为高优先级项目。

然而，没有人愿意挑明，团队在同一时间开展的项目太多了。也没有人关注，人们排队等待某人来做某项工作的时间这一指标。人们只是一味地要求所有项目都必须马上完成。团队相信，他们正在尽其所能完成所有的工作，然而这33个项目中的许多项目仍未完成，并且在现有项目完成前又启动了新的项目。

虽然我们身处不同的环境，但都会遇到这样的情况：在中学做小组项目时，没有人知道该如何设定优先级。任务安排者设定了不合理的截止日期，希望所有的工作都在“昨天”完成，要求你在待办事项列表上安排多项并行的任务，以便立即完成所有任务，而不是按价值高低对任务进行排序，从而有序地完成任务。

许多无迹可寻的依赖关系、太长的周期时间和习惯性加班的负面影响在短期内是看不见的。可是最终，网络错误、安全疏忽和交期延误都会令人惴惴不安。显然，这里应做而未做的是，在团队有足够的能力之前，应搁置一些项目。

为什么优先级冲突很重要

生产率并不意味着成为工作机器、一直忙碌或开夜车……它关乎优先级和捍卫你的时间。

——玛格丽塔·塔尔塔科夫斯基

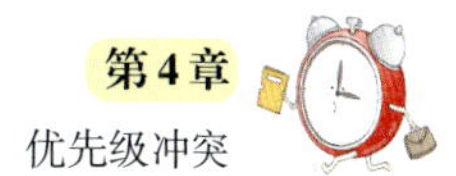

当人们不确定或不同意所安排的工作内容时，优先级冲突这只时间黑手就会幸灾乐祸。

假设团队正在写一份报告，最终花了很长时间才完成。该报告不仅花了很长时间，而且比管理者的要求晚了6个月。现在，我们来检查该团队的工作量，结果发现他们有13个方案（方案数量比整个团队的人数还多）要做。此外，他们每周都要召开设定优先级的会议，每次会议都超过1小时。如果把该团队的方案减少到7个，那么他们的注意力就会更为集中，而且会议时间也能缩短。减少WIP的数量可以帮助人们更有效地进行优先级排序，因为需要关注的事情变少了。不要忘记太多WIP是罪魁祸首，造成太多WIP的一个原因是没有正确地设定任务优先级。

如果人们不能有效地设定优先级，就会试图一次做太多的事情，这么做只会在每件事上花费更长的时间。这么一来，太多WIP会导致更长的周期时间，最终延误了向客户交付价值。更长的周期时间也延误了从客户那里获得反馈的重要机会，反过来也让时间黑手有机可乘。请记住，只有快乐的客户（无论是内部的还是外部的）才能让我们天天开心，钱包鼓起来。

如果每件事都是最高优先级，那就没有最高优先级的事情，并且你只会在每件事上花更多的时间。正如罗斯·加伯所说："许多事情都很重要，但只有一件事情最重要。"今天，你对公司最大的价值可能是你帮助别人完成了一项任务，而不是开始一项新的任务。

当你听到人们在说下面的话时，你就知道优先级冲突这只时间黑手正在窃取时间：

- "什么时候能把我的事情做完？"
- "我的事情优先级最高！"

- “如果我的事情到……时候仍未完成，那么……”

另一个造成工作优先级冲突的信号是，在会议上花大量时间讨论优先级。优先级冲突和计划外工作这两只时间黑手沆瀣一气。就像计划外工作一样，当优先级冲突时，之前计划好的工作也会积压起来。当今天的高优先级工作取代了昨天的工作时，太多WIP这个罪魁祸首就会成为核心问题。团队的进度将落后于计划，除非他们一直赶工。

关键点

- 有一件事最重要，就是让人们知道工作内容是什么。
- 当人们不确定哪项工作具有最高优先级时，就会出现优先级冲突。这将导致太多WIP，从而导致更长的周期时间。
- 争夺同一人力资源或实物资源的优先级就会导致冲突，也会阻碍工作流动，并会带来更多的仅部分完成的工作。
- 你认为的优先级经常与别人认为的优先级有所不同，这也会导致冲突。

第5章 被忽视的工作

迁延蹉跎，来日无多。

——《第十二夜》，威廉·莎士比亚

当我在科比斯公司工作时，我们应用了一个叫作JDE的ERP系统。这是一个老旧、专用且非常脆弱的信息系统。当JDE脱机执行备份或恢复数据库时，就会影响应付和应收账款功能，并且供应商提供的JDE升级版本会破坏已定制的数据库。因此，我们做了一件让其他IT公司感到惊讶的事情，也就是为了确保当下不出问题，决定使用十年前且不支持升级的版本。这会出现什么问题呢？例如，手动的JDE构建和部署流程在部署期间经常会覆盖配置文件，导致新订单丢失。这害得大家都不敢碰JDE服务器。结果，JDE带病服役了将近十年，直到我们用SAP替换了它。在某些方面，老旧的软件就像老旧的汽车，需要定期更换机油和保养以使其正常工作。老旧软件本身不会带来问题。不能维护且不能自动构建、测试和部署流程的老旧软件才会带来问题。

对遗留系统进行维护是最容易被忽视的任务之一。旧的、脆弱的系统正在衰退，随着技术债的增加，它也变得不可预测。孤立系统的信息熵总是随时间的推移而增加。如果不修复或更换，系统最终会报警、阻碍或延误一些重要工作，处理这些工作要耗费时间和精力，使人们无法进行其他重要的工作。俗话说得好："如果你感到有困难，埋头做便是了。"埋头做会降低工作难度。在将这一原则应用于系统维护前，被忽视的工作仍然是一个问题。当新的需求不断越过或绕过重要的维护工作时，被忽视的工作在一旁被冷落，就像在学校食堂吃不上饭的孩子一样。

被忽视的工作这只时间黑手往往会在系统中埋下无形的技术债。它知道，短期思维会让你优先考虑新功能，而不是保护有价值的资产。与金融债一样，技术债也需要支付利息，技术债的利息则是以修复软件缺陷和开发新功能所需的额外工作的方式出现的。

优先级冲突和被忽视的工作也一脉相承（我想，你已经察觉到了其中的规律）。被忽视的工作不会得到项目成功所需的关注度、预算或资源，就像仍在使用不再支持升级的JDE系统一样。这个过时且被忽视的系统对科比斯公司的影响是，当配置文件错误地指向错误的实例时，就会引起故障。这是出现严重的维护问题和许多故障检修单的原因之一。

如果我必须识别哪类工作是最容易被忽视的，那就选择与提高质量相关的工作，包括延误维护、缺陷、技术债和未测试的代码（麦克尔[1]将其称为遗留软件）。在推出产品时，时间和成本往往是首先要考虑的要素（"先跳过这些测试，我们需要先交付，然后再解决这些问题"）。只关注员工是否"忙碌"的企业文化是非常荒谬的。当员工"忙碌"时，工作才容易被忽视。忙碌的员工并不表示有工作效率——交付价值才是。

工作停滞涉及两个重要领域，包括等待反馈的工作和重要但不紧急的工作。另外，还有唐纳德[2]所说的"僵尸项目"。僵尸项目是指勉强存活的低价

1　麦克尔·费瑟，著有《修改代码的艺术》（*Working Effectively with Legacy Code*）。——编者注

2　唐纳德·瑞纳森，著有《产品开发流程新模式》（*The Principles of Product Development Flow：Second Generation Lean Product Development*）。——编者注

值项目（一直寻求施舍，却始终得不到关爱）。僵尸项目也渴望得到资金、资源和人。

在这种情况下，这些饥渴的僵尸项目会巧妙地从更高价值的项目中骗取人们的时间和精力。当你发现一个僵尸项目时，应该立即清除它。只有把它清除，才能不受干扰，更快地完成更重要的任务。

有些人不愿终止已经开始的项目，因为他们不想浪费已经投入项目的时间和金钱。人们对项目投入的资源越多，就越难放弃，即使基于预期货币价值得出的理性决策表明应该放弃，这就是所谓的"沉没成本陷阱"。在《产品开发流程新模式》中，唐纳德建议，相比经济回报而言，我们更应考虑完成项目所需的投资增量。当正在进行的高价值工作过多时，从工作清单中清除低价值工作的意义就非常重大了。换句话说，要清除僵尸项目。如果日后确实有需要，也可以将僵尸项目起死复生。最重要的一点是，不要被不重要的事情所干扰。

然而，僵尸项目并不是导致工作被忽视的唯一原因。在商业环境中，人们最优先考虑的往往是发布新功能，而不是"偿还"技术债。人们更愿意忙于创造业绩的工作，而不是保持业绩的工作。

遗憾的是，愿望很少会像企业希望的那样实现，特别是在未完成项目的最后阶段，此时若发现问题，就会耽误工程师着手新项目。因为新项目的启动速度比已部分完成工作的结束速度更快，所以需要更长的时间来处理积压的工作（此时，太多WIP这只时间黑手又悄然出现了）。此时，工作流动的时间开始飙升。就像上下班高峰期的交通一样。当进入高速公路的车辆多于离开的车辆时，驾驶者在路上花费的时间就会更长。就像高速公路上的交通拥堵一样，接二连三的干扰也会让工作流动停滞不前。

为什么被忽视的工作很重要

如果重要的工作一直被忽视，就会使其最终成为紧急事件，并会引起干扰和中断。被忽视的工作是容易“变质的”，也是有寿命的。就像腐烂的水果一样，会造成浪费。水果很贵，会占用存放空间，而且会变质、发霉并散发出难闻的气味。谁愿意这样呢？

当你延误了重要任务，甚至使其最终变成紧急事件时，你就知道是被忽视的工作这只时间黑手正在窃取你的时间。这就好比你已经计划好带你的爱人共赴结婚纪念日晚餐，却临时决定今年不去了，留到明年再去。你觉得这么做会发生什么？如果你的爱人因此大发牢骚，那么被忽视的工作对你的“惩罚”只会变本加厉。

为了理解已有项目（如僵尸项目）与有竞争力的新项目之间的关系，揭示工作被忽视了多长时间是一种很有用的练习。和其他所有的时间黑手相似，被忽视的工作这只时间黑手也会被太多WIP这只时间黑手利用。

关键点

- 如果不进行处理，被忽视的重要工作最终会变成紧急事件。
- 当团队被短期的优先级误导时，要警惕隐形的技术债积累。
- 正视僵尸项目。考虑僵尸项目对完成高价值项目的影响。要么给予僵尸项目必要的关注，要么将它们清掉。

第2部分

如何曝光时间黑手并优化工作流动

时间是我们最想要的东西，但也是我们最不善于利用的东西。

——威廉·佩恩

在学校和办公室的墙上都挂着白板，这么做是有原因的。我们通过视觉获得的信息比其他感官所获得的总和都要多。在我们大脑的1 000亿个神经细胞中，其中有约20%的神经细胞用于进行视觉信息分析。视觉空间学习者主要通过图像来思考。先进开发研究协会（Institute for the Study of Advanced Development）创始人、心理学家琳达[1]进行的一项研究表明，2/3的人有视觉空间偏好。人类左脑的信息处理机制是序列的、分析的和时间导向的，右脑则负责感知整体、综合（信息）和理解空间运动。对于视觉空间学习者来说，如果右脑没有被激活和运用，那么就会导致注意力不集中，学习效果也会很差。

遗憾的是，与看得见、摸得着的体力劳动有所不同，脑力劳动是大脑皮层活动（思想是信号通过神经元传递到神经系统的结果）。对世界上的其他人（包括我们的同事、团队成员和老板）来说，我们解决问题的方法和设计系统的创意都是不可见的。如果我们可以用点击鼠标（或用笔描绘）的方式，将我们在创造性地解决问题或构思新创意时所付出的所有脑力劳动都展现出来，那将是多么美妙的事情啊。（“看，老板，我真的在工作！”）虽然这并不容易，但是通过让我们自己和受影响的人直观地了解这些创意、知识工作的状态及相关问题，将技术工作可视化是有可能的。

当我们可以用视觉来解决问题时，就能清楚地看到问题，也更容易做出决策。将工作可视化是我们改进工作的基本原理之一，因为人类的大脑天生就会通过视觉来感知事物，并发现其中有意义的模式和结构。

1 琳达·西尔弗曼，著有*Upside-Down Brilliance*：*The Visual-Spatial Learner*。——编者注

因此，当看不见自己的工作时，我们就很难管理它，这么说是有道理的。虽然这似乎是显而易见的，但我们没有考虑到这一点。我们往往忽视了平常事物和一些内在的东西，甚至没有注意到它们的存在——这是一种错觉。

我想通过醒目的视觉表达（通过描绘工作流动和改善沟通来提供实用性）来改变大家对这种错觉的看法。醒目的视觉表达不仅有用而且相关，还能博得眼球。视觉效果越好，价值就越高。醒目的视觉表达可以吸引人们的关注，引起观看者的兴趣。

在第2部分中，我会通过基于工作流动设计的系统来介绍常见的问题、案例和活动，以将优先级明确化并将风险可视化，从而把你从太多WIP中解放出来。在第3部分中，我会讨论为获得成功所需解决的系统性组织问题。

基于此，我们将紧紧围绕该系统来高效地解决和管理五只时间黑手造成的核心问题，将工作可视化并使工作流动更为顺畅，这就是“精益看板流动”（Lean Kanban Flow）。如导读所述，本书的其余部分也是一份关于如何运用精益方法、看板法和流动方法来快速查看工作进展的说明书、操作指南及商业指导手册。

第6章是为想要学习如何使用看板法或复习看板基础知识的读者准备的。如果你的看板法基础知识扎实，那么请直接从第7章开始看。第7章将深入讨论如何使用精益看板流动法来曝光时间黑手并合理安排时间，从而优化工作流动。

也许，并不是所有的案例都适用于你的具体情况，不过你可以把这些内容看作精益看板流动法的知识储备。你可以采纳并应用那些适合你的方法。对于其余方法，它们会在其他部门的人员或其他公司的人员处理问题时派上用场。

请注意，实施这些方法的效果取决于组织各部门参与者的投入程度。掌握本书介绍的方法，在实践中加以应用，你会看到工作流动加快，也会更早并更有可预测性地交付价值。这样，就会给你带来更多的成就感，并使工作充满乐趣而不是麻烦不断。

现在，让我们开始吧！

第6章 将工作可视化

学习不是强制性的，生存也不是强制性的。

——爱德华兹·戴明

请看图4，该图出自菲利普[1]（我把它改成了手绘版并使用了不同的颜色）。这是区分可见工作和不可见工作的极佳视图。快速浏览该图会得到有用信息。该图就像一种视觉语言，让我们看到了可见工作和不可见工作之间的关系，包括消极的和积极的价值。图中蓝色部分是“架构（Architecture）”，表示积极价值。如果面对的是老旧的、定制的和脆弱的JDE服务接口，就将其放到黄色部分，即“技术债”。

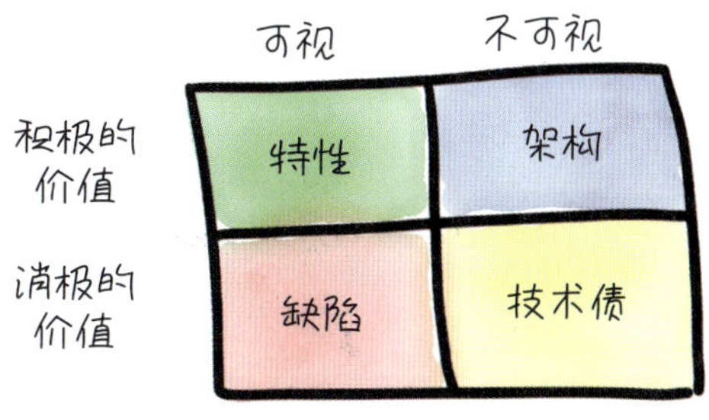

图4　可视化矩阵图

1　菲利普·克鲁希滕，著有《RUP导论》（*The Rational Unified Process: An Introduction*）——编者注

可视化矩阵图是一个极佳的可视化工具。它展示了将工作可视化的四个必备因素：结构、有效性、相关性和可靠性。“看上去是直观的、准确的、有意义的和高效的”都是我们在将工作可视化时想要实现的。

一旦将工作可视化，我们就有办法来解决工作流动变慢的问题，并能在出现意外情况时生成解决方案。

在用视觉传达信息时要了解一件事，那就是大约2/3的人都是视觉型学习者。当大多数人用图片而不是文字思考时，可视化就变得很重要。重要的是，要知道这不是一种学习偏好，而是因为视觉型学习者与听觉型学习者的大脑构造不同。视觉型学习者用看的方式比用听的方式学得更好。这意味着什么？这意味着，当团队中有2/3的人看不到工作流动和正在处理事情的优先级时，他们会非常苦恼。将工作可视化可以提高团队的工作水平，因为这是按照他们大脑的工作方式来工作，而非与之相反。

本章是使你和团队将工作可视化的起点。我会讨论创建看板的方方面面，并用不同的创意和概念来帮助你理解为什么看板在工作中非常重要。目的是将工作可视化作为一种极简的方式，来呈现工作需求——包括我们自己在内的所有人需要完成的工作量和工作类型，并且合理安排时间。你只要参与并应用就能受益匪浅。

如图5所示，看板上的活动具有跳跃性，因为它们都是从一个非常简单的核心点开始设计，即待办事项（To Do）、正办事项（Doing）和已办事项（Done）。看板可以直观地呈现：你要开始做某事、正在做某事或已经做完某事。创建这种简单的看板对任何人来说都很容易上手，你可以将它应用于所有的任务（需求）。

看板还可以汇总那些在单个视图中很难看到或完全不可见的工作量。假设有这样一块看板挂在你的办公室：它的结构简单，信息丰富。因此，你无须

向其他人解释——任何走进你办公室的人都能看到，知道你在做什么并了解任务状态，而不会用问题来打扰你。这相当于用看板进行了一次快速会议。

图5所展示的就是一个看起来一目了然的看板示例。

待办事项	正办事项	已办事项

图5　包括待办事项、正办事项和已办事项的看板

多数看板至少包含待办事项、正办事项和已办事项（或其他名称）这3栏，用来描述任务状态。在任务卡中应写明任务。在图5中，蓝色色块代表任务卡。

看板是如何在你的工作中发挥作用的呢？

首先，要考虑一些因素。例如，如果你的待办事项清单可媲美《战争与和平》的篇幅，那么你就会问：是否真的需要把所有事项都写在看板上呢？大可不必！接下来，问题就变成要删除哪些事项？在清单中，对于优先级较低的事项，就没必要让它们给你的待办事项清单添乱了，因为它们只会让你无法专注于重要工作。况且，当你完成了高优先级的3~5个事项时，下一组事项的优先级也可能发生了变化。

那么，哪些事项没必要放在看板上呢？是什么为团队提供了较佳的可视性，为组织的其他部门提供了良好的透明度？答案为，视情况而定。你要将哪些事项可视化取决于你想做什么及团队最大的痛点是什么。你还要考虑的是，应将影响团队和公司商业价值的不确定因素可视化。在第3部分中，我们将讨论不确定因素和公司商业价值。现在，让我们专注于识别你的任务及团队的痛点。

这里提供的规则是，将管理任务花费的时间成本与获得的价值进行权衡。我们很少看到团队为少于15分钟的任务创建任务卡。当然，该规则也有例外，在什么时候可打破该规则取决于你的经验。

我认为在任务的风险很高或不确定性很大时就应打破该规则，因为一个任务只需要10分钟并不意味着它不重要。这里提供一些指导原则：如果出现以下情形，哪怕是耗时10分钟的任务也需要跟踪。

1. **只有一个人知道怎么做（未知依赖关系这只时间黑手）。**将工作可视化可以推动一些必要的轮岗培训。
2. **会影响其他团队的工作（未知依赖关系这只时间黑手）。**正如第1部分中所讨论的，跨团队的依赖关系可能带来高昂的代价。花一两分钟时间，在看板上创建一个任务卡的成本很低，可将其用于团队之间的交流。
3. **某人承担的都是15分钟或更短的任务，如果该人的任务未被跟踪，那么这个任务就是不可见的工作（太多WIP这只时间黑手）。**如果很多工作都是不可见的，那么很容易会给该人堆积太多WIP，从而超出该人的正常工作量。

当你考虑如何应用指导原则来决定什么任务该出现（或不该出现）在你的看板上时，就需要根据你的需求来提问。如果你还未这样做的话，就马上付诸行动。例如，你要做什么工作？你的桌面、收件箱和聊天窗口中会出现什么样的需求？在任务清单中的各项任务的优先级是怎样的？换句话说，工作需求的本质是什么？答案会因团队而异，不同的团队会有不同的需求。以下是不同团队所做的任务示例。

高优先级任务清单

- 处理技术债
- 执行和升级安全防护
- 升级和维护平台
- 处理紧急请求
- 日常维护（保持系统平稳运行）

营销团队

对活动和会议进行计划、协调及支持
管理内容（博客、在线研讨会、新闻刊物等）
处理公共关系和社交媒体
搜索引擎优化和生成需求
发布内容
设计和整理模板
品牌推广和演示

产品开发

开发新特性
修复缺陷
查找故障
改善性能
提高安全性
分解架构

每个团队都有不同的职责，当然，这些职责有时会有所重叠。例如，产品开发团队会帮助IT运营团队解决安全问题；营销团队也会帮助产品开发团队测试新特性。我们在第8章讨论依赖关系时会涉及跨部门的可视化。

在科比斯公司工作的早期，在将工作可视化前，我在假期、周末和凌晨3点时上演过无数“英勇行为”的戏码。我的脑海里总是有一连串的任务清单，上面列着我无法控制、束手无策的所有任务，包括不知从哪里冒出来的需求、一个历时2小时却一无所获的临时会议、还在做现有项目时就开始了一个新项目……这一切你都懂的。

我一边拼命工作想把手头的任务完成，一边大声抱怨（多半自言自语）

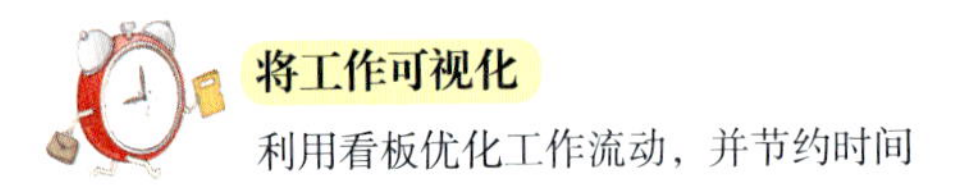

自己没有足够的时间来满足所有的需求。

我想说的是，无谓的、通宵达旦工作的逞能行为是非常糟糕的。而在当时，环顾周围，和我一起工作的人都是如此。

我们都被太多WIP、优先级冲突和脱节的工作流动压得喘不过气来，这对我们的身体健康及公司的组织健康都造成了负面影响。

回顾过去，我很心疼所有被浪费的时间。如果我们能够将所有工作及其对团队的影响可视化，就能减轻彼此的痛苦了。但我们没有这么做，相反，我们的时间不断被不可见的需求所占用。这就是为什么识别阻碍你和团队完成任务的因素如此重要。是什么打乱了你一天的工作计划？团队的痛点是什么？

识别团队痛点是本章后面的“需求分析”练习中的一部分。允许人们说出自己的真实想法，而不是限制言论，这么做是有意义的，也令人释然。（你在抱怨时，要注意对其他人有基本的尊重。）

以下是团队痛点的示例。

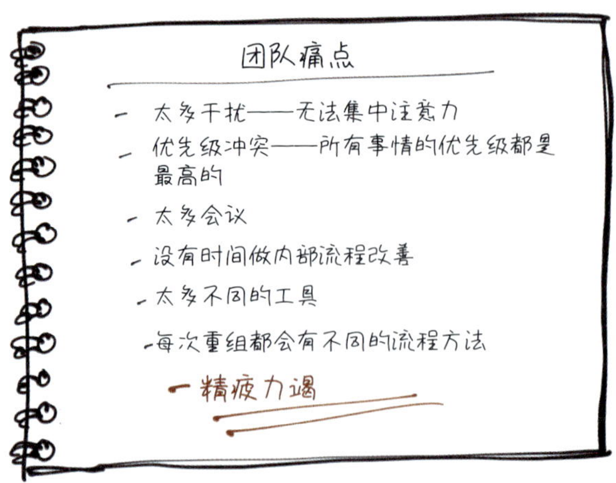

以下是在我的需求分析工作坊中反复被提及的最令人苦恼的两点（优先级冲突这只时间黑手一直都在）：

- 太多干扰——无法完成任务。
- 优先级冲突——每件事都重要。

如果这是团队最苦恼的两点，那么你并不孤单。

我在科比斯公司吸取的另一个教训是：要仔细考虑其他团队的痛点，尤其是客户的痛点（或业务痛点）。我的意思是，你的内部客户会因你的工作成果对他们造成了影响而不满意。

将内部客户的痛点可视化是很重要的，原因如下：

1. 你需要内部客户的参与，以便限制WIP数量。不对WIP数量进行限制将导致团队无法处理不断增加的需求。如果超负荷状态持续存在，就无从认识到工作流动的益处。超负荷工作的人们也不愿参与寻找解决方案。当你减轻客户痛苦的同时也要减轻自己团队的痛苦。通过限制WIP数量就会让事情变得容易很多。
2. 不要只考虑自己。为了实现商业价值，我们必须用系统思维的方法来考虑整个体系，以优化所有团队的工作流动。只利于单个团队的优化会降低公司的整体绩效。健全的组织擅长发现客户的不满意之处。

一旦识别了需求和痛点，就要考虑工作事项的类别。将工作分类会让你知晓不同类型的工作——不是所有工作都是一样的！明确这一点很重要，因为不同类型的工作可能有不同的紧急程度，需要用不同的规则和工作流动进行匹配。当我们为工作分类时，可以通过收集必要的数据来为不同类型的工作设定工作指标。只有这么做，才能体现系统是健康的。

可以按照需求的来源或提出人来划分工作类型，也可以按照任务的优先级或工作流动的状态来划分（见图6）。对工作进行分类的方法有很多，最重要的是，收集合适的数据并用可视化的方法来解决问题。

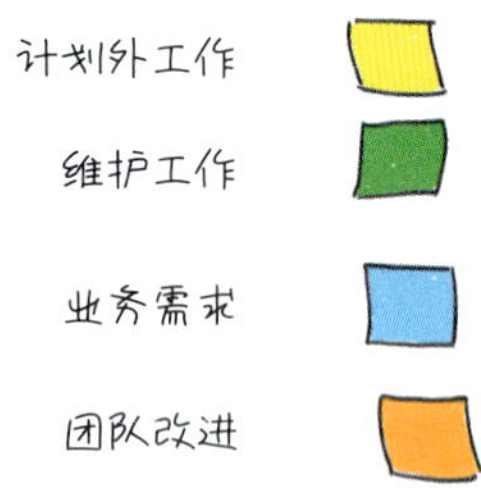

图6　工作类型的划分

有时，会由上司或少数人来决定整个团队的工作类型，应避免出现这种情况。负责这项工作的人应始终参与团队工作流动管理系统的设计，原因有二：

1 有助于确保正确的工作数量和类型，以满足整个团队的需求和要求。

2 当人们参与工作类型的分类时，就会有主人翁精神，从而会激励他们致力于解决问题并交付所期望的结果。

在决定工作类型的数量时，我建议划分3~7种类型最好。超过这个数量就很难管理了，因为对于每个工作类型而言，会有不同的规则、指标和工作流动。

需要特别指出的是，在这个示例中，运营团队根据他们的需求和问题（团队痛点）进行分类。这么做，就可以改善计划外工作数量过多和团队能力薄弱的问题。

在定义工作类型时，你相当于正在创建图例来帮助团队更为有效地使用看板。它可以让管理者及其他团队的人员一目了然。

一旦列出了团队的工作清单，确定了团队和业务的痛点，并划分了工作类型，你就可以开始补充一些工作的细节，从而进一步提高团队工作的可视化水平。

这些详细信息将加入工作项的字段。同时，让负责该工作的人员参与进来，并就任务卡上应该写什么信息达成一致。任务卡上的信息应至少能够回答以下问题："你需要何种数据来管理工作流动？"和"你想度量什么？"

下面是一个工作清单的示例，它虽然不是很详尽，但至少可以让你运用起来。

- 任务卡编号
- 总任务
- 任务名称
- 详细内容
- 负责人
- 评论区
- 能力提升标签
- 更多的可视化图标
- 优先级
- 子任务和关联任务卡区域
- 日期

一旦你设计好了任务卡（见图7），团队成员就可以立即为他们手头的任务填写任务卡，并贴在看板上。稍做浏览，你就能知道团队正在做什么。图8所示的看板来自一个IT运营团队，他们对内部需求（团队改进）和业务需求，以及支持计划外工作和定期维护的需求进行了平衡，并对各项工作进行了分类。在该看板上，团队刚刚完成了一项计划外工作（黄色），他们目前正在处理一项业务工作（蓝色）和维护工作（绿色）。接下来的待办事项是一项团队改进工作（橙色）和一项业务工作（蓝色）。

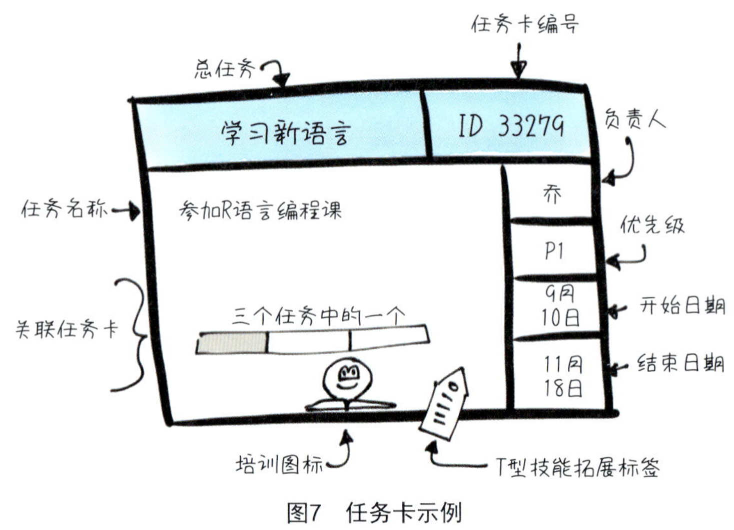

图7　任务卡示例

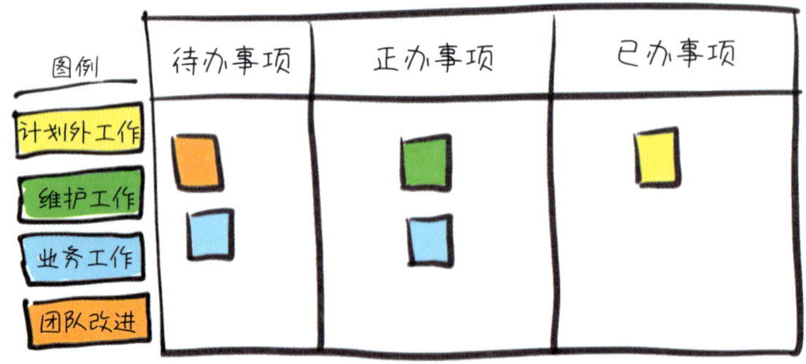

图8　用颜色标记的待办事项、正办事项与已办事项看板

通常，团队需要给正办事项保留最大的空间。在任务被移到已办事项栏之前，正办事项栏会被进一步拆分，以便更细致地表示某种反馈、测试或验证工作，如图9所示。在刚开始时，邀请团队成员进行一定程度的参与是必要的，因为这么做可以使看板的变动变得有意义，但在对看板进行了几轮更新

后，很明显，各个任务卡会处于不同的状态，例如，业务工作正在评审中，而维护工作仍在实施中。

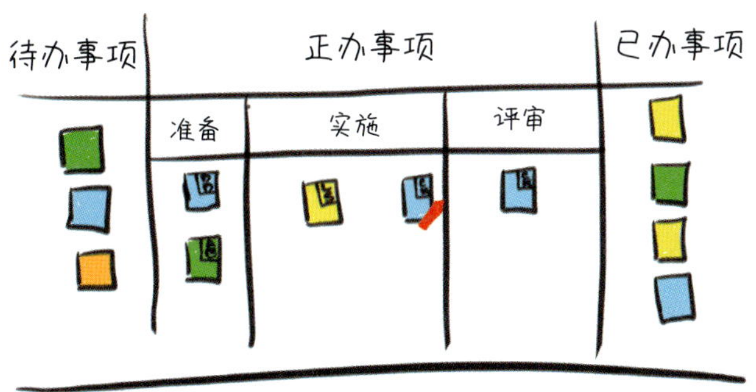

图9　将正办事项进行扩展

将一些工作显示在待办事项、正办事项和已办事项的分类看板上，就使它们变得可视化。

当你和团队列出痛点并准备投票选出你最想可视化的两三项任务时，这个方法就会很有帮助。可视化会让你更容易处理痛点问题。我发现，只需要一群敬业的团队成员，就可将那些对团队来说是痛点的问题更快且更好地可视化。

请记住，当你这么做的时候，不要在一开始就将看板设计得太复杂。看板的设计应尽量简单些。是否需要为看板预留额外的空间，我们只有在使用时才会知道。可以先将当前的工作放在看板上，在试运行后，你和团队再根据实际需求对其进行更新。另外，你也无须在一开始就停下来分析看板格式，因为要经过一段时间（2周、4周还是6周，取决于团队的成熟度）后，格式才能被确定下来。

现在，我们来揪出时间黑手。

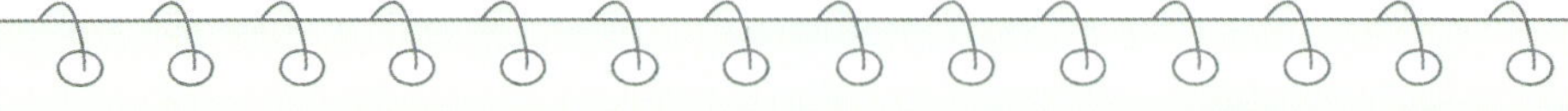

练习：需求分析

目的：识别团队的工作类型和相关的问题（团队痛点和业务痛点）。在之后的练习中，会将本练习的任务作为看板的输入。

时长：30~60分钟

材料：

- 白板笔
- 白板纸或白板

说明：列出团队所做的不同类型的工作。参考前面介绍的IT运营、市场营销和产品开发团队的示例来获得灵感。

然后，列出所有妨碍你和团队完成工作的绊脚石。你可以看看前面介绍的关于团队痛点的示例。

在列清单时，要具体一些。如果IT运营团队的工作由于优先级冲突而经常被干扰，那就要留意了。如果市场营销团队的工作由于设计部门的工作积压而被延误，那也要留意。这时候，你以往的抱怨终于有的放矢了。

快把问题找出来吧！

在你的精益看板流动设计中，了解这些瓶颈将有助于你着手解决问题。

接下来，列出客户或业务的痛点。偶尔，有人在工作坊上告诉我，

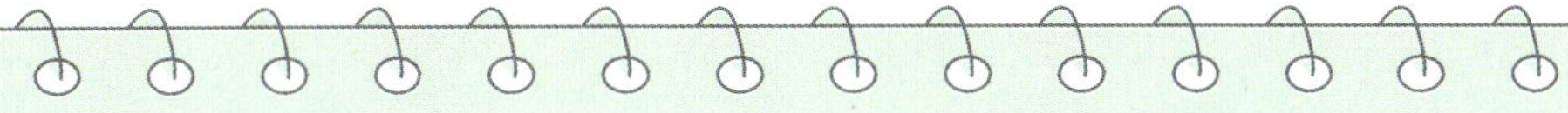

他们没有任何问题，业务高管都很满意，我觉得这是胡说八道。没有问题本身就是问题。

练习：识别任务类型

目的：对不同类型的工作进行分类，以适应不同的工作流动、不同的优先级和适用的标准。

时长：20~30分钟

材料：

- ▶ 3×3寸彩色报事贴
- ▶ 白板笔或水笔

说明：在本练习中，你和团队共同决定通过任务卡显示哪些类型的工作，这些工作将在看板上流动。通常，3~7种任务类型是较为合理的。每个任务卡都应使用不同的颜色。如果团队希望精简任务类型，那么可以为具有相同工作流动的任务创建一个类别，并用标签和图标进行区分。另外，你需要设计一个专门的图例以供参考。

练习：设计任务卡

目的：设计有用、相关和美观的任务卡，提供所需的任务信息。

时长：20~30分钟

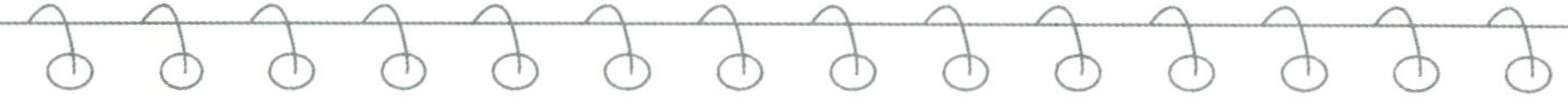

材料：

- 3×3寸彩色报事贴
- 白板笔或水笔

说明：确定要在任务卡上呈现的信息，并留出相应的位置。如果你使用的是电子工具，上述操作会自动完成。如果你需要手工制作任务卡，就要考虑如何为识别潜在的时间黑手预留位置。

练习：创建工作流动

目的：将工作可视化，以便查看正在进行的工作、工作处于什么状态，以及可能中断或延误商业价值流的相关问题。

时长：40~60分钟

材料：

- 白板纸或白板
- 3×3寸彩色报事贴
- 白板笔或水笔

说明：首先，问自己需要将哪些痛点或隐藏信息可视化（这部分会很有意思）。和团队一起，在白板或白板纸（如果你没有白板或白板纸，可以在墙上或窗户上粘贴报事贴）上画出三栏，分别代表待办事项、正办事项与已办事项。“正办事项”一栏可以稍微宽一些，这样你就可以在需要的时候把它分成更多的栏。在白板上列出现有的工作，并讨论将哪些工作进行可视化处理。

现在，让我们看看如何让时间黑手显现出来，并对它们进行相应的处理。

1 列出你所做的不同类型的工作（需求和来源）。

2 将工作划分为不同类型。

3 讨论哪类工作会产生最大的问题。为什么它是问题的来源？

这就是贯穿本书第2部分的看板法。

关键点

- 视觉型学习者用图像而不是文字来思考。他们的大脑结构不同于听觉型学习者，他们通过看比通过听学得更好。请记住，2/3的人都是视觉型学习者。
- 将工作可视化是我们能够改进工作的要事之一，因为人类的大脑天生能够从视觉感知中寻找有意义的模式和结构。
- 将业务痛点和其他隐藏信息可视化。
- 使用看板这样的视觉系统将工作可视化。

第7章 “擒贼先擒王”

一心多用只会让你有机会一次搞砸多件事情。

——史蒂夫 · 乌泽尔

早上8：35，办公室后门廊。

当我在全神贯注地进行项目中期审查时，突然在屏幕右上角出现了一个弹窗。在它消失前，我看到了莉兹给我的留言：“我可以占用你5分钟吗？”我该如何回答？因为我喜欢她，所以我回复莉兹有时间。我们为喜欢的人做事——这是工作超出范围的5个原因之一。经过这段简短的对话，本已很忙的一天又多出了很多工作。

正如第1部分所述，认识并了解这5个原因至关重要。

1. 作为团队成员，我不想让团队失望，所以习惯说“可以”。
2. 害怕被当众羞辱或被解雇。
3. 我们愿意为喜欢的人做事。
4. 与人们总会乐观估计有关，这导致我们认为自己可以比实际更快地完成任务，而实际花费的时间总比我们想象的要长。

5 做一些新颖、值得炫耀的事比做一些老套、乏味的事要有意思得多。

这5个原因都是太多WIP这只时间黑手的"工具包"的一部分。正如之前所讨论的那样，太多WIP是所有时间黑手中的罪魁祸首。它本身就已经够麻烦了，还要"协助"其他时间黑手，让未知的依赖关系、计划外工作、优先级冲突和被忽视的工作所造成的问题雪上加霜。

让我们快速回顾一下太多WIP。请记住，太多WIP意味着新工作的增加速度比你完成工作的速度要快。WIP是所有已开始但未完成的工作——所有部分完成的工作。太多WIP会分散我们的注意力，偷走我们的时间和成本，削弱我们交付高质量工作的能力。这会造成其他人必须等待更长时间才能获得他们想要的东西，而且延误还会增加成本。太多WIP这只时间黑手会偷走你的时间，使你无法尽早完成工作。此外，由于我们急于求成，也会导致无法交付优质、出色的产品。

当出现以下情况时，就意味着有太多WIP了。

- 频繁切换任务。
- 在旧任务完成前就开始新任务。换句话说，即使日程表上已经有一大堆事情要做，我们还会说："好的，我来做。"
- 工作被忽视且被晾在一旁。

当你发现自己正在频繁切换任务，或者当你被问到"我可以占用你5分钟吗"时，如果你回复"可以"，就意味着你允许自己被拉出流动区，进入绕行区。

不过，解决这个问题是有希望的！通过追踪WIP可以防止你进一步分散注意力，并阻止太多WIP这只时间黑手偷走你的时间。

追踪WIP的方法有很多。图10所示的看板示例将有助于你识别WIP。基于需求的来源，我们将WIP分为以下三类：

- **“杀手锏”（Silver Bullet）**。指要求立刻执行的紧急任务，通常由处于领导地位的人提出。因其优先级高（有形或无形的），所以自成一类。
- **业务需求**。包括与特性相关的工作、内容和设计，这些都是IT人员要做的且与提升、管理、跟踪等业务密切相关的任务。
- **团队合作**。由IT人员发起的任务，例如，处理故障、技术债、安全问题、平台升级和维护。

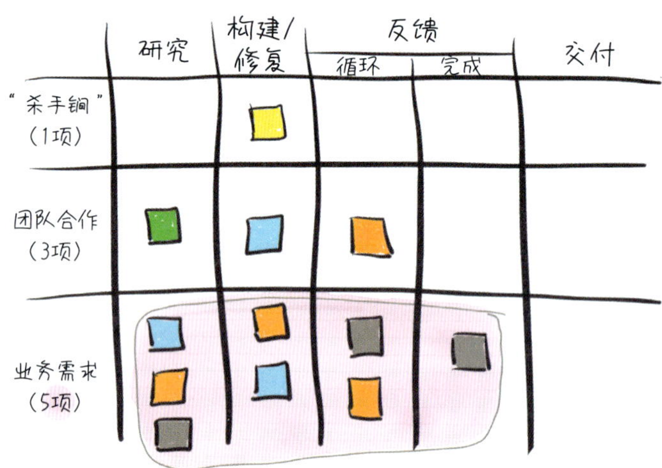

图10　曝光WIP的看板示例

以上只是对任务进行分类的一种方法，我们稍后还会探讨其他方法。

将工作分类有助于人们更好地将工作流动可视化，从而帮助我们了解团队内及团队外的沟通需求。识别和处理团队内的沟通需求相对容易。而对于团队外的沟通需求，识别和处理就变得困难了，因为我们通常需要额外的努力来确保每个人获得的信息都是准确的。要完成“杀手锏”任务就需要与上司进行专门的沟通，因为最初提出“杀手锏”任务的人不仅可能是副总裁（或在管理层中具有较高级别的人），也可能是你上司的上司（要么是他们自己提出的，要么是他们采纳了别人的意见）。

有时，在看板中会设置“泳道”（Swimlane），以提高可视性，或者用作限制WIP数量的方法。泳道是专门为特定工作的流动而设计的通道。在许多看板的顶部都会设置泳道，以作为紧急通道（需要快速处理的紧急项目任务）。

通常，要在看板顶部设置WIP数量限制，以确保工作的线性流动。如何设置WIP数量限制取决于你和团队，以及那些受工作影响的人。有多种方法可用于限制WIP数量，按照工作类型划分、按照泳道划分或按照任务栏划分都是较为常见的方法。

可以根据人力资源的状况来限制每个人的WIP数量，该方法是看板新手为拯救超负荷人员而采取的第一步措施。更高级的方法是，基于团队的能力水平来设置WIP数量的限制，以更为宏观地优化工作流动，而不仅局限于眼前。这有助于基于团队目标进行跨团队合作，而不是狭隘地关注个人目标。

这么做可以帮助团队成员以可视化的方式相互督促。限制WIP数量会营造必要的紧张感，迫使人们进行创新，以解决阻碍工作的问题。限制WIP数量也会带来必要的讨论。有些人在刚开始的时候会感到不太适应。但是，限制WIP数量带来的紧张感会激发团队的创造力并帮助团队取得成功。限制WIP数量使人们免于赶进度，而是遵照规则来完成任务，它激发了系统的活力。要允许人们说：“不，我现在不能接受这个任务，因为我的日程已满。”这是完成工作的制约因素。

在一个简单的3泳道看板上（见图10），每条泳道都有WIP数量。

“杀手锏”任务通常直接来自领导层。该泳道有时被称为特殊通道。首席信息官和副总裁通常不会意识到他们提出的要求会超出标准流程，并会造成干扰。将“杀手锏”任务可视化有助于显示与这些要求相关的成本。对于所有工作，包括隐藏的WIP，都会有与之相关的成本，所以要让它可视化！或许，“杀手锏”任务的价值很高，但对于这些要求，我们要说：“我们知道这项任务很重要，也会做，但我们每次只能完成一项任务。”限制“杀手锏”任务的数量，并且每次只完成一项，是个不错的做法。

可视化看板中的团队合作任务包括保障收入的工作，即处理技术债和安全性工作。

业务需求也是产生收入的工作。在图10中，业务需求泳道被标为红色，因为它超出了5个WIP的数量限制，这迫使人们思考：“到底发生了什么？”如果他人据实以告，就对我们很有帮助。这有点像减肥——当你每次点甜品时，如果都有人监督，你就能少吃很多甜食。

请记住，按照需求的来源者对工作进行分类，可以将所涉及的沟通可视化，包括与内部、外部或领导层的沟通。

请注意，在图10中，位于反馈栏中的项目还未交付，需要更长的时间才能完成。流动需要清晰和及时的反馈。等待他人反馈是工作流动中最大的延误之一。等待反馈的时间越长，就越容易忘记细节，也越难重启工作。就像水果腐烂一样，知识过时的速度比我们想象的还要快。及时的反馈可以帮助我们对具有挑战性的需求进行商谈，从而调整策略以保持流动状态。它也可以激励我们在开始新工作前先完成正在做的工作，无论新工作有多么吸引人。通过流动的角度来将工作可视化，这样做可以改善团队的沟通和理解。

将工作可视化令我想起了看板中的可视化语言。通过看板上的“图”

（看板结构、任务卡、图例和符号），人们能很容易地得到信息。我们无须学习很多新知识就能看懂看板。写在看板上的信息（泳道信息和任务卡信息）都很容易被理解。当然，你可能需要一些专业知识来解读看板上的术语（缩略语或简写词）。一旦掌握这些术语后，你只要快速浏览一下看板，就能获得大量的信息。图文结合的方法满足了我们对沟通语言要灵活、统一的要求。

你可以把图文结合想象成匝道控制。例如，“图”代表信号灯，“文”代表信号灯下面的标识。高速公路的匝道用于限制车流，以便更安全地分流和汇流，只有在交通繁忙时才需要匝道控制信号灯。你有没有经历过在高峰期进入高速公路，但此时，匝道控制信号灯坏了的情景？一团糟！对吗？！

如果你想获得更多的可预测性，就要将WIP数量限制在团队可承受的能力范围内。你会问，应该如何定义可承受的能力范围？这是个好问题。总之，不要让它达到90%~100%。我们将在第3部分讨论这个问题的原因。

请牢记，从简单的方法入手来限制WIP数量是可行的。向目标慢慢迈进是精益教练一直建议人们做的事情。你必须从某处开始，从简单易做的事情开始，有时这是唯一的办法。有时，试图对当前流程进行太大的变更，例如，实施一揽子严格限制WIP数量的措施，会让你彻底崩溃。没人希望发生这样的事情。

限制WIP数量有利于限制被干扰的次数。我有一个小火炉，在停电时就能够派上用场。过去，无论是否停电，为了节能，到了冬天我都会每天用它。遗憾的是，每隔30~45分钟，我就要停下手里的工作向小火炉里添柴，这么做的开销和代价实在太大。但如果火能够持续燃烧90~120分钟，我就可以接受，因为90~120分钟可以让我有足够的时间集中精力，并在复杂的工作上取得进展。

当你抛接5个球（抛球杂技）时，你对每个球的注意力只有几分之一秒，你几乎需要不停地将注意力转到下一个球。处理5项不同的工作也是如此。在你被其他事情打扰前，你能给予每项工作的注意力是有限的。WIP数量越多，干扰就越多。（抛接3个球比5个球更容易。）在商业实践中，当你关注的事情越少时，就越容易完成某事并交付成果，从而将它从你的任务清单上移除。

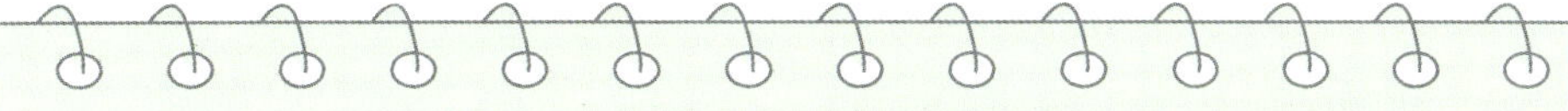

练习：找出时间黑手存在的原因

目的：承认许多人（即使不是大多数）承担的工作超出了他们的能力范围，倾听和理解团队成员为什么会出现这种情况，并讨论处理该普遍问题的措施（采取行动以解决问题）。

时长：15~30分钟

材料：

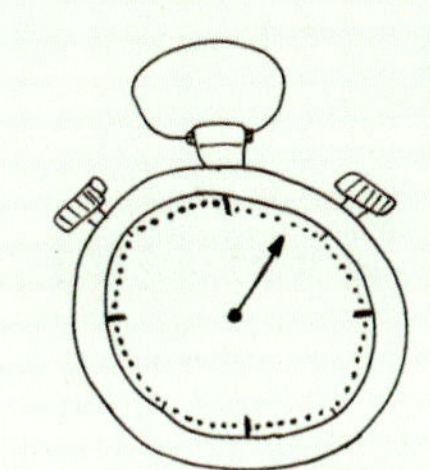

▶ 每人一支笔

▶ 每人一些3×3寸报事贴

▶ 计时器

说明：参与者与邻座配合，互相问一个问题：“为什么你承担的工作超出了你的能力范围？”

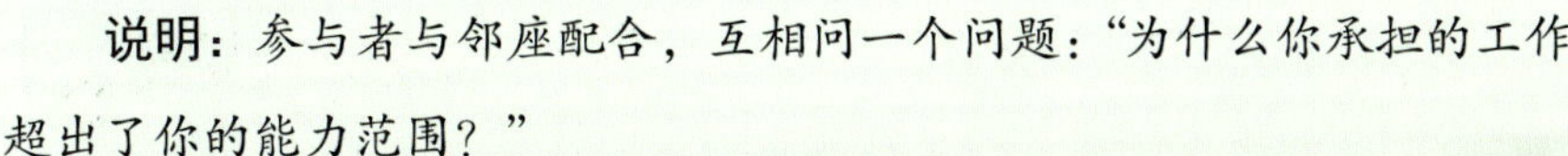

给被提问者2~3分钟的时间来回答问题，提问者在报事贴上记录答案，然后互换角色。

在所有参与者都提问后，对大家给出的回答进行小组讨论。然后，针对“人们在能力不足的情况下习惯性地把工作应承下来”的问题进行讨论，并找到处理该问题的办法。一定要特别研究：当他们喜欢的人或上司提出要求时应该怎么做。

练习1：如果一群相互认识的人在一起，就无须进行破冰活动了。只要安排每个人在报事贴上写出自己的答案即可。

练习2：要求小组成员把组内相似的答案放在一起，贴在墙上以便大家看到最常见的回复。

关键点

- 太多WIP这只时间黑手会“协助”其他时间黑手，使其他时间黑手更具破坏性，也更难控制。
- 有多种方法可用于限制WIP数量，按照工作类型划分、按照泳道划分或按照任务栏划分都是较为常见的方法。
- 限制WIP数量会营造必要的紧张感，迫使人们完成工作。
- 不可见的WIP会消耗成本，所以要使之可视化。
- 按照需求的来源者对工作进行分类是将工作可视化的一种方法。可以将所涉及的沟通可视化，包括与内部、外部或领导层的沟通。
- 通过流动的角度来将工作可视化，这样做可以改善团队的沟通和理解。
- 图文结合的方法满足了我们对沟通语言要灵活、统一的要求。好好利用这个方法吧。

第8章 建立依赖关系

我们所经历最困难的事情就是跨团队沟通。

——特洛伊·莫根尼斯

2012年，旧金山。

一个大型组织准备启动第三次敏捷转型。新的顾问团队受聘来评估情况。新的敏捷团队由5~9人组成，这种团队经常被称为比萨饼团队。（还记得第2章中的比萨饼问题吗？）在得知谷歌公司用“双比萨饼团队”[1]取得成功后，该大型组织也决定效仿。有些故事影响了其他团队。他们称这些故事为“别人的”故事，因为你必须到另一个团队解决问题。“别人的”故事影响了大约92%的团队。

一只鬼鬼祟祟的时间黑手，即未知的依赖关系（又名隐藏的依赖关系）已经潜伏在团队里。这让我想起某个人曾经对我说过的话：“当你发现你的项目停滞不前时，项目其实已经停滞很久了。”同理，当未知的依赖关系被发现时，你已经陷入困境。虽然损失已经造成，但你要有信心，因为仍有希望。可以预见，当多个团队在一个大型系统的不同部分工作时，这只时间黑手往往很

1 用来形容团队的规模。“双比萨饼团队”意味着，全体团队成员一餐需要2块比萨饼。——译者注

容易得手。团队越多，要同时处理更多特性的可能性就越大，这就为更多的依赖关系打开了大门。

当你听到“哦，顺便提一下，某某人做了这个变更或做了这件事”时，你知道你的时间将被偷走。对此，你已经无可奈何。更糟的是，你被来自另一个团队的意外消息所影响，这些消息凸显了一个灾难性的问题。我们所经历的最困难的事情就是跨团队沟通。那么，你现在能做什么呢？世界上任何的比萨饼都无法“揪出”未知的依赖关系这只时间黑手。

当一个项目团队面对危机时，其他项目的人员可以放下他们的工作来帮助处理危机，这就导致了高昂的协调成本。当团队之间的协调成本很高，并且其他人也没空伸出援手时，项目经理就要进行协调。

前面提到的正在进行第三次敏捷转型的大型组织试图通过使用电子数据表格来协调问题。依赖关系的电子数据表格开始在一些团队之间流转。这意味着有些团队知情，而有些团队对此一无所知。受影响最大的是支持多个部门的共享服务团队。

顾问团队决定尽量减少这种风险。在经过深思熟虑后，他们希望对依赖关系进行可视化，并提出了以下做法：

1 利用跨职能团队的站会找出依赖关系。
2 使用依赖关系矩阵来识别依赖关系。
3 在不同团队的看板上制定明确的规则。
4 创建依赖关系的轮值监察角色——一个了解企业系统内部和外部的系统架构师。

利用跨职能团队的站会找出依赖关系的做法很快被否定，因为这个做法根本不切实际。如果相关人员参加大量的日常团队站会，就会使协调成本过高，更会导致人们成天都在开会。

依赖关系矩阵的做法有可取之处。一个聪明的顾问创建了从底层到顶层的依赖关系矩阵，它看起来有点像图11。当然，实际的依赖关系矩阵图要比图11复杂得多。

输出（工作包代号）的依赖关系 / 输入（工作包代号）的依赖关系	formbutton	tabbed panel	Param	Remote call UI	Component-fly	Restful action	Action Mapper	Filter dispatcher	Serlet dispatcher	Portlet Url Helper
formbutton										
tabbed panel	1									
Param	3	7								
Remote Call UI	6				8	2		6	9	
Component-fly			5	7			11		10	
Restful Action			3							
Action mapper		2								
filter dispatcher				10						4
Serlet dispatcher		5								
Portlet Url Helper						2				

单元格中的数字是指顶部中的组件和左侧中的组件之间出现依赖关系的次数

图11　依赖关系矩阵图示意

通过这样的布局，人们可以看到由于依赖关系太多而导致的问题。解决整体的依赖关系需要很长时间，因为有能力解决问题的专家不一定有时间处理问题。

当很多双比萨饼团队之间存在很多依赖关系时，需要花多长时间来协调？诚然，我们喜欢小团队，因为他们行动迅速。我们也要意识到，一个独立的团队固然可以快速行动，但不太可能在组织层级上也实现快速行动，因为大量的依赖关系会导致很高的协调成本。

现在，我们该如何处理依赖关系呢？如果处理依赖关系对你和依赖关系矩阵而言是个难题，或者软件没有提供必要的可视化，那么你必须找到能够使其在相关团队中可见的方法。

先进的自动化电子依赖关系映射工具已经面世了，但没有多少团队使用它。如果你刚好有这样的工具并且它能正常运作（你与专家或紧耦合架构的依赖关系并不会给你带来困扰），那就再好不过了。毕竟，能够清晰理解其他可视化描述依赖关系的方法也是件好事。

有时，可以用一些古老但实用的工艺和方法来展现依赖关系。将工作可视化的乐趣在于，你可以使用一些在上小学时就已学会但后来无处施展的涂色技能。

注意图12中看板上的最后一栏，其标题名称为“架构”（通常代表“架构评审”）。架构评审的目的是提供专家指导和支持，以实现所需的业务功能，这并不意味着一个权威的批准。

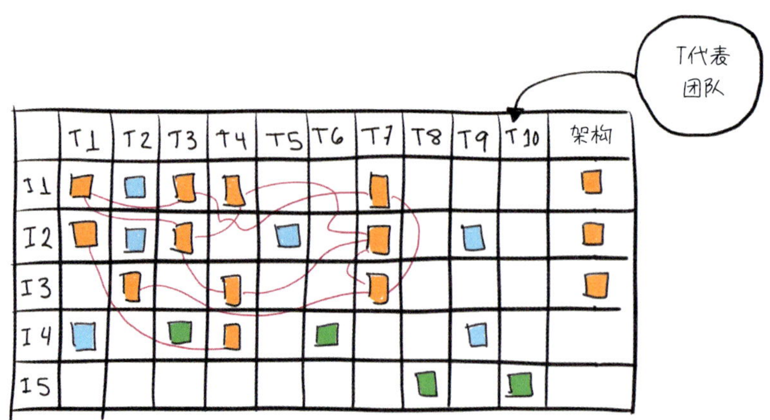

图12 依赖关系看板

如果你对上述方法不感兴趣，或者这些方法对你而言并不适用，那么请看图13，它显示了另一种通过看板将依赖关系可视化的方法，即用泳道看板。

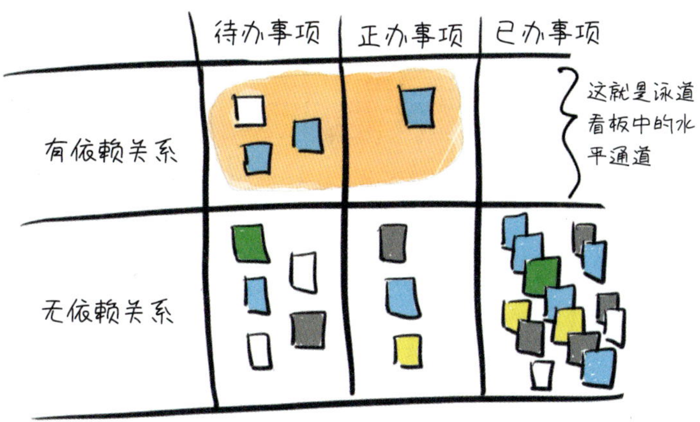

图13 依赖关系泳道看板

如图14所示，我们可以通过设计看板的内容来应对未知的依赖关系这只时间黑手。

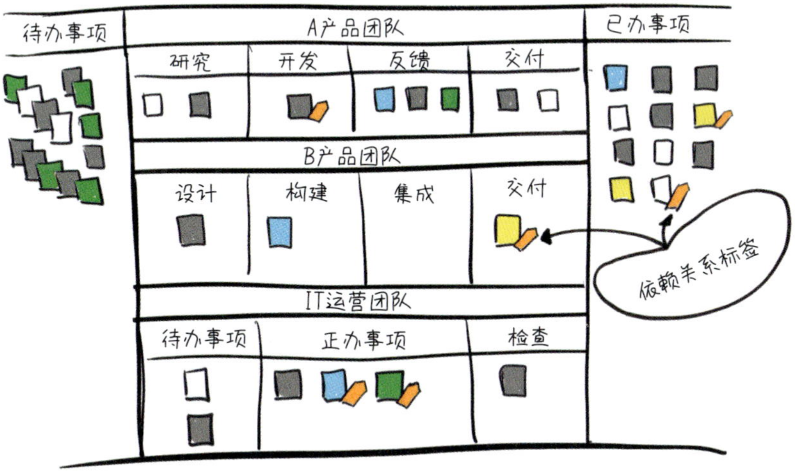

图14 看板上的依赖关系标签

或者将不同团队之间的依赖关系可视化（见图15），让人们熟知这些信息，从而减少高昂的商业代价。

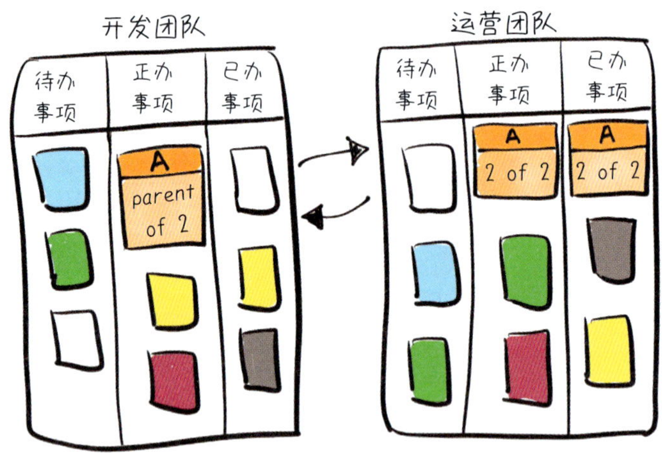

图15　不同团队之间的依赖关系

团队在工作时不会与世隔绝。如果需要来自不同团队的技能，那么两个团队之间就需要进行交接。为了避免“眼不见心不烦”的问题，应将团队之间的工作流动可视化，这么做可以帮助团队成员预测工作方向，并避免“哎，顺便说一下，你今天就得做这件事”的情况。它还针对即将出现的潜在问题给出了清晰的提示，这对团队来说是非常有帮助的。将重要的跨团队信息可视化有助于跨团队之间的沟通。

小型敏捷团队遍布整个IT行业，这是有道理的。没有什么能够打败一个有才能、有动力、有凝聚力的团队，他们能快速做出决定并创造令人惊叹的成果。在团队拥有设计、构建和部署产品所需的一切的情况下，你是幸运的——未知的依赖关系这只时间黑手就不会盯上你了。

然而，拥有大量团队的大型组织在这方面就没有那么幸运了。在某种程度上，组织中有很多人在不同的项目中工作，了解每个影响他们的决策是不切实际的（如架构变更和新的第三方集成）。团队越多，日常生活、项目和目标等的依赖关系也就越多。WIP越多，被未知的依赖关系这只时间黑手盯上的可能性也越高。

这就是必须对依赖关系进行曝光的原因：避免团队在无意中破坏现有的功能。如果一个团队的代码被另一个团队破坏了（因为他们没有意识到该团队所创建的依赖关系），那么当客户在社交媒体上抱怨你的公司时，再为已经被破坏的运营环境排除故障就没有意义了。使用最适合你的方法，了解情况并告知他人，请记住，一个简单的开始比不开始要好。提高可视化能够帮助你更上一层楼。它甚至可以帮助你获得领导层对组织结构变更的支持，例如，将按项目导向的组织方式转变为按产品导向的组织方式，也就是说，如果目前的组织结构不能很好地为你服务，你可以通过将问题可视化的方式获得更多的支持。

项目团队都是临时组建的，这是个问题。项目人员在将项目交付给维护或运营团队后便离开了之前的团队，并进入另一个项目团队中。这种过渡是昂贵和耗时的。在项目团队匆忙制定项目交付日期时，有些事情会被遗漏，如依赖关系。这将在系统中增加更多的WIP，因为接收团队会时常打扰交付团队，以获取运营新项目所需的必要信息。

这样一来，项目团队的专业知识就成了运营团队的依赖关系。当运营事项干扰了项目团队的成员时，WIP就会堆积起来，项目团队的成员已经开始着手一些新项目，现在，他们需要在新项目和旧项目之间来回切换，直到旧项目运营稳定或新的管理者能够完全掌握为止。这就是依赖关系。

按产品导向的方式组织起来的团队可以让开发、测试和交付功能的人员留在他们各自的专业领域中。这样就不需要在复杂的依赖关系之间进行切换。按产品导向的方式组织起来的团队减少了在移交给持续运营支持期间的依赖关系。

由于种种原因，理解项目和产品之间的区别非常重要，所以让我们在这里讨论一下，这样就不会将两者混为一谈，特别是在考虑项目导向和产品导向谁更有效率时。项目是作为一个大的整体来交付的，这意味着在一个大的发布中，协调所有的活动既困难又缓慢。项目会产生大量的工作，在项目结束时，这些工作将被移交给其他人来交付和维护。新的项目层出不穷，需要额外的协调及沟通来建立和组织临时团队。当通过一个烦琐的、项目导向的过程进行操作时，会出现许多问题。

相反，如果按产品导向的方式进行组织和管理，可使拥有必要的专业领域知识的同一组人员始终参与其中。那些开发产品特性的人员不会离开，反而会留下来对产品进行更新和维护。项目团队倾向于用空泛的指标来度量（例如，项目团队中的测试团队是用软件缺陷的数量来度量的），而产品团队则倾向于用业务价值来度量。

Pivotal公司的高级技术总监科妮莉亚·戴维斯在2017年DOES论坛的对话环节中提到，“架构与我们的工作息息相关。首选的架构应包括松耦合的组件、单个微服务，并由单个团队构建。我们要的是自治型产品团队，而不是项目团队”。

练习："顺便说一下"依赖关系矩阵

目的：将团队之间的依赖关系可视化，以帮助人们预测可能遇到的问题，并防止因未知或不可见的依赖关系造成的延误。

时长：60~90分钟（大型团队可能需要更长时间）

材料：

- 白板、白板纸或墙面
- 报事贴
- 白板笔
- 比萨饼（必不可少）

说明：安排几个团队成员扮演侦探角色。他们的任务是，调查团队之间所有可能对团队工作产生负面影响的依赖关系并将其可视化。

画一个有行和列的矩阵图。在列标题栏中填入各团队的名称，在行标题栏中填入相同的各团队名称（见图16）。

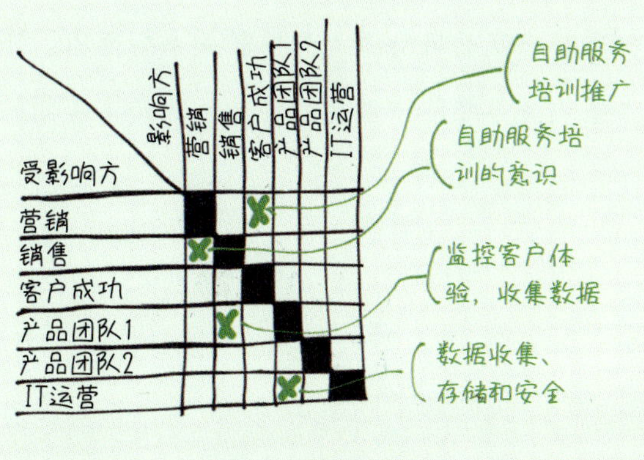

图16　练习示例

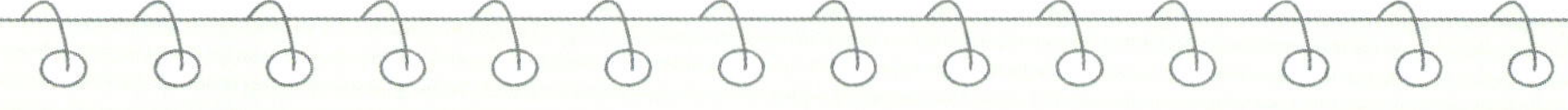

行表示受影响方，列表示影响方。

识别每个团队为另一个团队创建工作的输出，并把数字写在相交的方格内。

例如，努力为客户提供自助服务培训的内容会影响营销和销售，因为这需要促销和支持预售的意识。销售需要监控客户体验并收集客户数据，以提供个性化的优惠和促销活动，这会因为网站和数据收集的变化而影响产品团队1。产品团队1又会因为安全问题和数据存储需求而影响IT运营。

你的工作是，为即将产生的重要特性或到来的项目识别团队之间的依赖关系，并在存在依赖关系的行列相交处的方格中标记一个“X”。矩阵的每个格子表示两个团队之间的一种或多种依赖关系。请在矩阵中标明相应的依赖关系。

一旦在矩阵中确定了跨团队之间的依赖关系，就可以讨论应采取哪些行动来降低破坏或对其他团队工作有负面影响的风险。

练习1：把即将出现的风险添加到依赖关系矩阵中。

练习2：在依赖关系矩阵中调用软件组件，而不是团队。

关键点

- 小团队可以快速行动，但是如果团队之间存在依赖关系，那么就不能作为一个整体快速行动了（这是你需要付出的代价）。
- 设计你的看板以突出依赖关系，从而揪出未知的依赖关系这只时间黑手。
- 将依赖关系可视化，让人们熟知它们，以减少商业痛点。
- 用看板将不同团队之间的依赖关系可视化。
- 按产品导向的方式组织团队，以减少与项目相关的问题。

第9章 消灭元凶——计划外工作

从某种意义上说，我不知道自己想要什么，也许我不想要我知道的而想要我不知道的。

——马尔西利奥·费奇诺

2013年，洛杉矶。

我询问了两位负责支持工程师团队（拥有41名工程师）的IT项目经理：是什么妨碍了他们完成工作？他们的第一反应是持续的干扰。他们不断被来自其他团队和产品负责人的项目状态问题狂轰滥炸。为此，我们进行了为期一周的实验来统计干扰事项。每当有干扰事项发生时，就把干扰事项写在一张黄色报事贴上，然后把它贴在一个6英尺见方的看板的顶部泳道上（见图17）。

黄色报事贴位于顶部泳道。绿色报事贴代表了团队的内部改进工作，影响项目经理的其他工作则用其他颜色的报事贴表示。在底部泳道，各种不同颜色的报事贴代表了团队管理的不同项目。到了周末，我们数了数，有92张黄色报事贴。92张！（大部分只是询问项目状态。）事实上，项目经理的主要内部客户

（产品负责人）对项目的状态和数量一无所知。

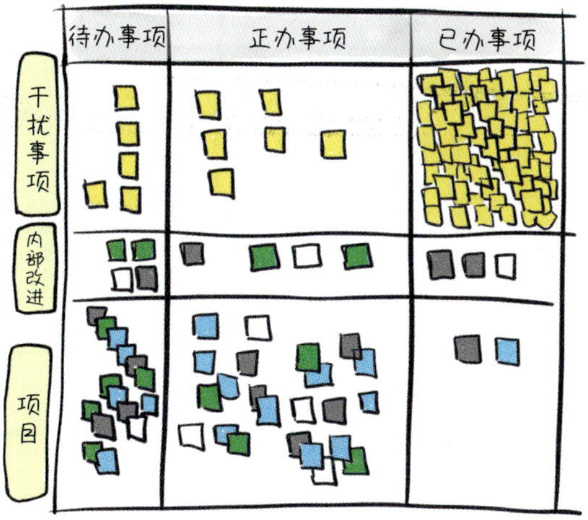

图17　对干扰事项的研究

这是产品负责人第一次看到其他项目与自己项目间的竞争。重要的是，他们理解了为什么另一个项目的优先级更高。他们也能看到自己干扰别人带来的破坏性。另外，项目经理可以看到产品负责人对项目状态的了解程度有多低。该实验也让我们在采用电子工具进行设计之前，有机会先用看板进行模拟。

将干扰事项可视化对于曝光计划外工作这只时间黑手非常有用。图18显示了另一种将干扰事项可视化的方法。每当工作被干扰时，团队就在他们的工作项上涂一个粉色点。

粉色点使团队能够快速将任务可视化，并看到干扰事项对其他任务造成的影响。或者，你也可以使用grawlix字符串，它以一种有趣的方式显示干扰事项。

它是这样运作的：每当工作受到干扰时，就在看板的报事贴上加一个grawlix。报事贴上的grawlix越长，交付时间就越长，工程师就会越抓狂。

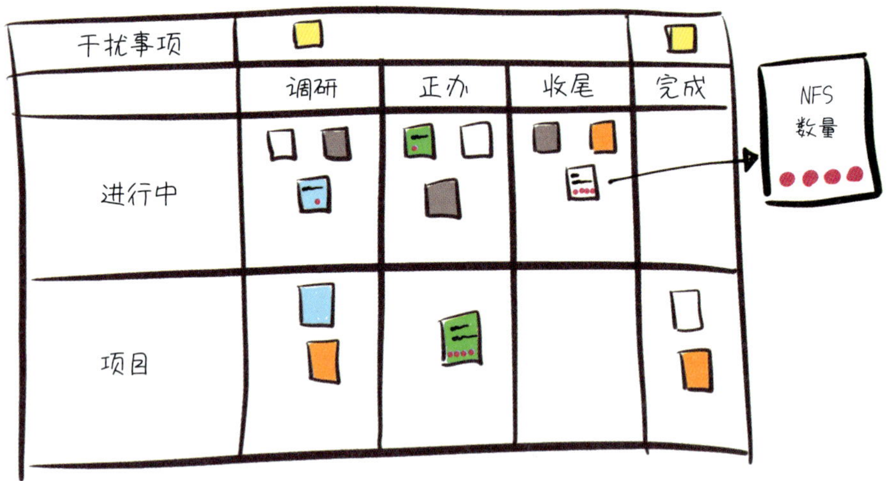

图18　粉色点研究

统计工作项中grawlix的长度是很有趣的，而工作本身是乏味的，两者的反差很耐人寻味。一项没人愿意做的工作（例如，处理一个有趣系数为0的遗留系统或一些烦琐的维护工作）会有一长串的grawlix。

我们身处的世界充满了不确定性，一切都在变化中。有时，我们不知道自己想要什么或需要什么，直到问题找上门。这就是为什么总有计划外工作，以及为什么要对计划外工作加以识别的原因。计划外工作可能扼杀你的目标，因此要将其可视化。要知道，我们都是通过感官体验来感知状况的。

图19所示的看板对计划外工作进行了可视化。将工作中的问题可视化有助于发现未知事件，因为隐藏的问题很难得到解决。有些问题看上去很可怕，但是只有问题被暴露，才有机会解决它。正如之前所说，看板可能吓跑那些懦弱的人，但是它非常适合那些有勇气面对问题、适应变化和解决问题的人。

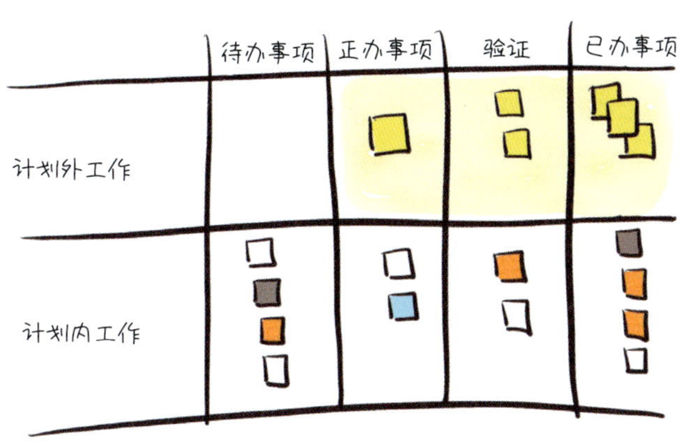

图19 曝光计划外工作

你可以把看板当作一种可视化的工具，它可将那些干扰你一周或毁掉你一天的事情可视化，这样你就不会因为在各处“灭火”，而无法交付重要的商业价值。为每项计划外工作都创建一张任务卡，并让这些计划外工作在泳道中流动。

平台运营经理埃里克对这种做法有些抵触，他说：“我没有时间在每次被干扰时都写一个罚单！”但在连续几周都被干扰后，首席信息官想知道为什么Azure平台项目不能启动和运营。埃里克说：“我们一直很忙。”这就是问题所在：没有证据表明有什么问题妨碍了埃里克完成平台工作。这就是完美的“犯罪”。当计划外工作这只时间黑手得手后，会让我们损失200美元。在将计划外工作可视化后，其他人就可以看到并理解为什么工作没有被完成，这样就可以采取措施来阻止干扰事项，至少可防止计划外工作干扰计划内工作。

了解计划外工作与计划内工作的比例有助于合理安排工作量。为什么呢？因为你可以通过有选择性地设定WIP数量，来为重要、意外和紧急工作提供空间。如果每周都有25%~50%的计划外工作，就要为这些计划外工作预留25%~50%的WIP数量。

下面介绍一种有效的方法。

1. 用上月完成的计划外工作数量除以上月完成的计划内和计划外工作数量之和，得出计划外工作占总工作的比例。例如，你在上月总共完成了100项工作，其中40项是计划外的，那么计划外工作的比例就是40%。
2. 根据上面的示例，你应该预留40%的WIP数量来处理这些计划外工作和低优先级工作。虽然高优先级的工作很重要，但低优先级的工作有时也很重要。这个策略可以让你有能力在处理计划外工作或出现新的关键需求时将较低优先级的工作暂时搁置一旁。这个策略还可以帮助你完成即将（或在一段时间之后）变成紧急、关键需求的重要工作（例如，服务器刚刚达到容量极限）。无论如何，你应该先完成重要的工作。
3. 每个月都要查看计划内工作与计划外工作的比例，通过其趋势（上升还是下降）来相应地调整WIP数量（见图20）。

当出现计划外工作时，跟踪并计算计划内工作和计划外工作所花时间之间的差异

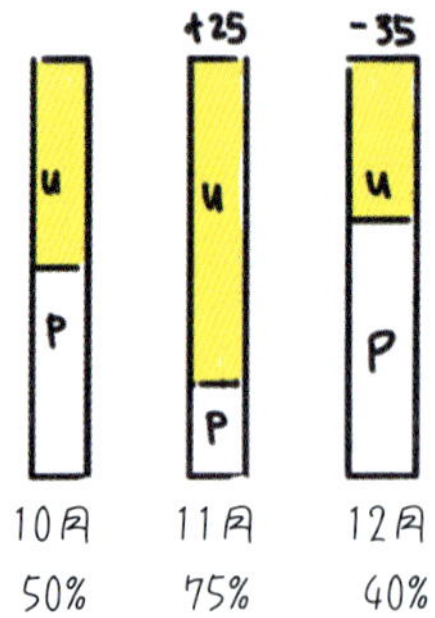

图20　计划外工作的月度变动趋势

注意，这里讨论的是WIP数量，而不是时间量。分配时间是另一个问题。有时，你会听到管理者告诉大家："你应花50%的时间做……并留25%的时间

做……”但你要怎么做呢？如果你足够幸运，拥有一个完全开放的日程表，允许你花半天的时间（如4小时）做……花1/4天的时间（如2小时）做……由于一天中的大部分时间都被会议、电子邮件和任务之间的切换所占据，能有2小时不受打扰的时间来做事情都是一件奢侈的事。

你可能认为，通过限制WIP数量来分配工作量（你的能力范围）是行不通的，因为工作项的规模不尽相同。这又是一个与规模大小无关的领域，因为你一次能做的事情只有这么多，一次也只能真正专注做一件事。它可能小得像只老鼠，也可能大得像头大象（打个比方）。在完成一件事之后，你才可以着手做下一件事情。

干扰的克星

尝试用以下方法来管理你的时间，并应对将计划外工作可视化的挑战。

- **守门员**。派人防止其他人的干扰。守门员是一个轮岗的角色，具有保护他人不受干扰和交叉培训团队成员的双重目的。
- **会客时间**。就像学校的老师一样，每周安排几小时的固定时间（有限的时间），让大家知道在什么时候可以拜访你。设定会客时间，就可以让你的同事在你方便的时候来找你。
- **勿扰时间**。与会客时间相反。在门上或房间的某处挂上“请在1小时后回来”的牌子，告诉别人你什么时候回来。我的日程表上显示：每天早上6：00—8：00不工作，这是我写作和练瑜伽的时间。有一次，上司让我参加一个早上6：30的会议，被我拒绝了。这样做让我感到内疚，但为了完成重要的工作，我们必须

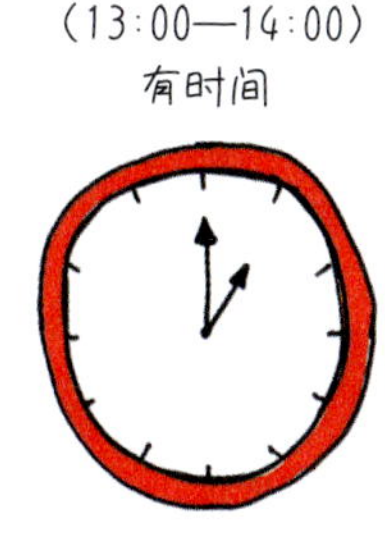

严格保证有足够的时间来做最重要事情。我开了拒绝的先例，现在，没人指望我能在早上6：30参加会议。

- **番茄时间管理法（Pomodoro）**。一种时间管理方法，用番茄计时器将一项工作的工作时间切割成一个一个时间段。例如，将定时器设置为25分钟（1个番茄钟），开始工作直到定时器响起。当定时器响起时，休息5分钟。在经过4个“番茄钟”后，休息更长的时间（如20~30分钟）。番茄时间管理法能使我们集中注意力，我就是用该方法写完本书的。

这4种方法可以帮助团队了解你何时在处理WIP。

20世纪60年代，惠普公司的咖啡车在每天早上10：15开动。工程师们一边喝着咖啡，一边漫不经心地讨论重要问题。这是一个促进自发合作的好方法，很多问题都在喝咖啡的时间里得以解决。20世纪70年代，为了削减成本，咖啡车被换成了迷你厨柜上的自助咖啡壶。工程师们仍然会停下手头的工作来喝咖啡，但大家喝咖啡的时间不一。不再有固定的咖啡时间，也不再有自发的头脑风暴。为了节约成本，让这种自发合作一去不复返了。一些人认为，惠普研发的伟大时代从那时起就画上句号了。

练习：减少干扰的实验

目的：通过实际应用，减少由干扰造成的损失

时长：45~60分钟

材料：

▶ 白板

▶ 白板笔

说明：召集团队讨论降低干扰成本的方法。这些方法可能包括守门员、会客时间、勿扰时间，或者使用90分钟的番茄钟。请考虑，哪些工作方法适合你的团队？为什么？

提出假设并进行持续一周的实验。在实验后重新分组，讨论这些方法对团队的影响。哪些有效？为什么？哪些无效？为什么？

例如，假设通过设置会客时间能减少干扰。将会客时间安排在周一、周三和周五的13：00—14：00。让大家都知道你在这些时段可以处理突发问题。当你有空的时候，或者当你下班的时候，可以向人们发出相应的信号（创建视觉化的信息）。

关键点

- 总会有计划外工作，所以你应该为计划外工作做好规划。
- 了解计划外工作与计划内工作的比例有助于规划工作量。
- 当限制WIP数量时，当你真正专注于一件事情时，工作项的规模并不重要。
- 设定会客时间和勿扰时间，最大限度地减少计划外工作带来的损失。

第10章 优先级、优先级还是优先级

也许很多事情都重要，但最重要的只有一件。

——罗斯·加伯

2013年，洛杉矶。

6×4英尺的可移动式实验看板被放置在项目经理的办公桌旁。很巧，它就位于工程部门和茶水间的过道边，很容易被看到。每个人在进出办公室，吃午饭，喝咖啡或下班回家时都要经过这块看板。大家都注意到了这块看板。产品负责人会过来仔细查看它，以了解是否有自己的项目。Scrum Master会过来查看它，却弄不清怎么回事。IT运营工程师们用熟悉和同情的目光瞥了它一眼，因为他们正被干扰实验暴露出来的大量干扰所包围。

将干扰可视化能够得到大家的关注，这不仅因为它记录了人们带着计划外需求闯进办公室的频率，还因为它体现了优先级策略的缺乏。

回到干扰事项的话题。我们回忆一下上一章中两位IT项目经理进行的实验——减少干扰的那个实验，它被IT运营经理认为是成功的，原因有以下两点。

1 它得到了运营副总裁的关注。运营副总裁用它来重新强调他希望可视化的一些具体类型的工作，包括能力拓展、安全性、站点可靠性和缺陷修复。（在实体看板上，可使用相应的符号对这些工作类型进行标记，之后，还可将这些信息录入电子看板。）

2 它引起了产品负责人和其他团队成员对这33个项目的优先级的质疑。33个项目！对于一个只有41人的团队来说，有33个项目正在进行。这看起来很荒唐，不是吗？但是，当优先级不明确时，就会出现这种情况——人们承担了非常多的WIP。

于是，实验持续到第二周。这一次，我们步步为营，要求首席工程师对33个项目进行排序。当首席工程师尽了最大努力处理完这些项目时，我们终于得到了项目的排序（见图21）。很快，副总裁过来了，他不同意这个排序。这就不得不进行必要的商谈。当然，这是件好事，因为评估价值（至少在副总裁看来）背后的依据变得透明起来。

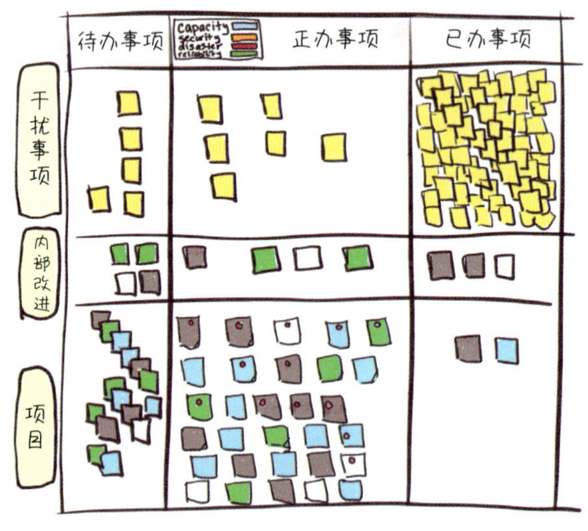

图21　优先级排序的实验

这就是在工程部门和茶水间的过道边放置6×4英尺移动式看板的威力。毫无悬念，人们的注意力被吸引过来，人们也开始停下来思考。看板促使大家进行必要的交谈，而这些交谈原本很容易被推脱掉。

在商谈结束后，根据副总裁的意见重新对项目进行了优先级排序。这是一种经典的优先级排序方法，被称为薪酬最高者意见法。之后，有趣的事情发生了。第二天，4个新项目似乎凭空出现在看板的右上角，竞相“争夺”最高优先级。优先级冲突在那天成为主角，大家开始嘲笑因冲突所产生的戏剧性后果（我真希望能有一个摄像头对准那块看板，看看他们是如何弄成这样的，那将会很有趣）。

要注意，在优先级排序方面，我们常常缺乏合理的规则。请记住，当每件事都是首要任务时，就没有首要任务了。

我一直强调，通过运用本书提出的关键理念，就可以避免混乱——通过将工作可视化来曝光时间黑手。

例如，你可以提出一个确定优先级的策略来开启对话，并采用A3报告法（见图22）。A3报告法使用11×17英寸（297×420毫米）的国际标准纸张。（A3报告法得名于A3纸。）A3报告法鼓励人们在有效的架构中进行精准沟通以达成理解和共识。采用A3报告法可以使各个备选方案在组织内浮现出来，并能让人们有策略地对其进行调研。

由于A3报告法可帮助你获得理解并达成一致，所以可以将其作为排序优先级的方法。确定优先级就是为了在最短的时间内获得最大的价值，并避免由于同时处理多个任务而导致优先级冲突。

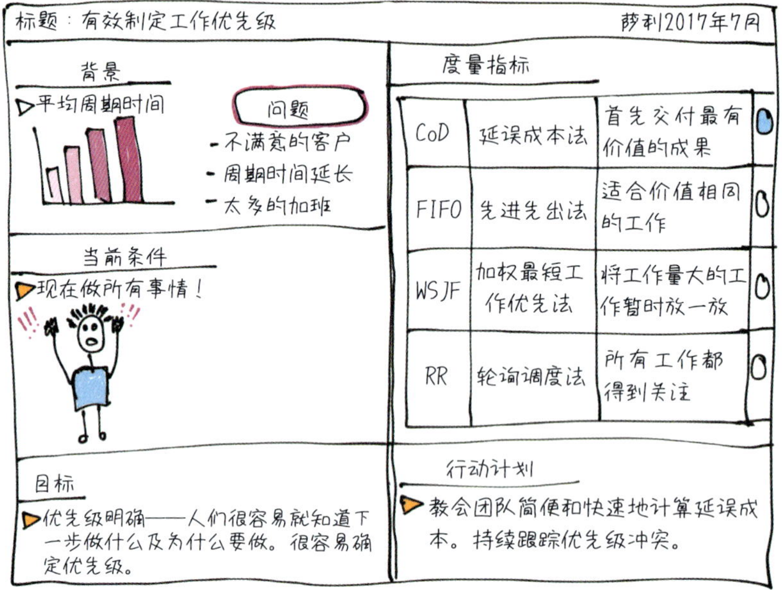

图22　A3报告法示例

有多种方法可以设定优先级。让我们看看较为常见的几种方法。

- 薪酬最高者意见法（Highest Paid Person's Opinion，HiPPO）。由薪酬最高者（通常也为职位最高者）设定优先级。还记得此前副总裁给33个项目设定优先级的例子吗？
- 延误成本法（Cost of Delay，CoD）。作为一种传达价值和紧迫性的方式，延误成本法可度量时间对所需产出的影响。这是一种确定商业风险的极好方法，但实际上，许多人难以做到。
- 先进先出法（First-In First-Out，FIFO）。按照先进先出的原则，先开始的工作应先完成。这是一种简单而公平的方法，例如在电影院，排在你前面的人比你先拿到电影票。
- 加权最短工作优先法（Weighted Shortest Job First，WSJF）。该方法要求优先处理延误成本最高且工作量最小的工作。WSJF的计算方法是，将延误成本除以工作持续时间。规模化敏捷框架（Scaled Agile Framework，SAFe）模型采用的是严格包含时间的WSJF变体。

设定工作优先级的方法还有很多，以上只列出了几种。

回到本章开头提到的洛杉矶IT运营工程团队，我们讨论了他们的优先级排序方法，请注意该IT运营工程团队设定优先级的方法是如何演变的——从“做所有的事情”到由首席工程师设定优先级，再到由副总裁或其他高管设定优先级（HiPPO）。如果副总裁或其他高管有足够的知识和经验，那他们的确能将优先级设定好。但由于他们的认知偏见、目标偏差或过度自信，也会带来一些问题。事实上，我们很难意识到自己错了，哪怕有时真错了也不会承认。这就是将优先级排序策略可视化的重要原因，这样做可以促进良性对话，从而交付理想的成果。

在第1部分中，当优先级冲突这只时间黑手窃取你的时间时，会留下一些蛛丝马迹，例如：

- 在讨论优先级的会议上浪费时间。
- 接管了新的工作，但不确定任务的优先级。
- 被别人反复询问：“我的事情什么时候才能完成？”

请牢记，优先级冲突和计划外工作沆瀣一气，都会带来以下问题：

- “我的事情什么时候才能完成？”
- “这件事是重中之重。”
- “如果不能在……时候完成……任务，我们就要被炒鱿鱼了。”

下面介绍一种识别冲突的方法。请留意，计划外的紧急工作、项目工作和维护工作都是相互竞争的。当有人告诉你现在需要做另一件事而导致当前工作暂停时，就将这些情况以可视化的方式展现出来（见图23）。

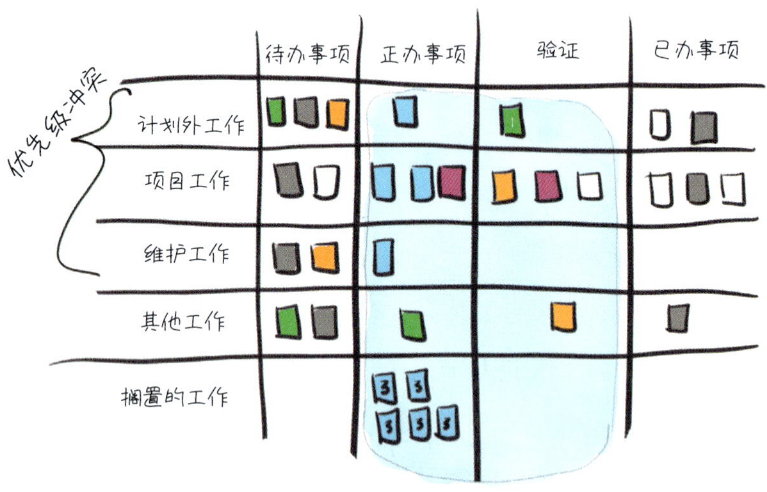

图23　曝光优先级冲突

通过可视化处理，你发现要搁置新的安全漏洞修复工作，因为要进行绩效评估。这说明还没有制定优先级规则。那么，该如何设定优先级呢？由嗓门最大、最咄咄逼人的人来设定？还是由收入最高的人来设定？

通常，工作需要很长时间才能完成，因为它正在排队等待处理。等待时间超过总时间的80%并不少见。许多组织对排队问题视而不见，他们只关注资源效率，而不是应用系统思维来提高整个系统的效率。

延误成本

只有当工作没有在规定时间内交付时，才会出现优先级问题。众所周知，试图同时进行所有工作会增加所有工作都被延误的风险。我们也知道，选择先做一项工作而把其他工作暂时放在一边，也会导致其他工作被延误。

因此，我们的目标是了解下一步应该完成哪些工作，从而收获最好的成果。将延误成本进行量化是很有意义的。

如第1章所述，延误成本可度量时间对期望产出的影响。如图24所示，延误成本可归结为3件事：

1 减少的收入或降低的商业价值（延误成本并不总是与金钱有关）。

2 增加的成本。

3 其他相关工作的延误成本总和。

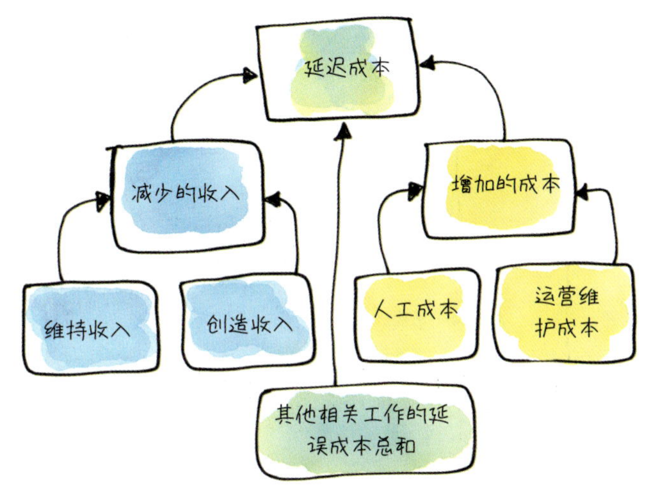

图24 造成延误成本的输入

让我们重新聚焦IT 运营工程团队的看板，以看板上33个项目中的“构建新数据中心（简称BoNDC）项目”为例，来了解如何计算延误成本。BoNDC项目的部分完成标准是关闭旧数据中心。因此，需考虑旧数据中心的运营成本。

旧数据中心的运营成本包括租金、电力、供暖、制冷、运营和维护费用，每周合计7 400美元。

此外，项目经理要花费25%的时间来处理新数据中心的交接工作，成本为每周400美元。项目P的延误成本也要包含在其中，该项目将有助于提升数据中心的性能，但要在新数据中心构建完成后才可以实施，其成本为：8位工程师（50%投入时间）×2 800美元/周=22 400美元/周。项目P可以节省成本（用自动化代替了手动）8 600美元/周。

BoNDC项目的延误成本为38 800美元/周，如果延误6周，总延误成本就是232 800美元（见图25）。

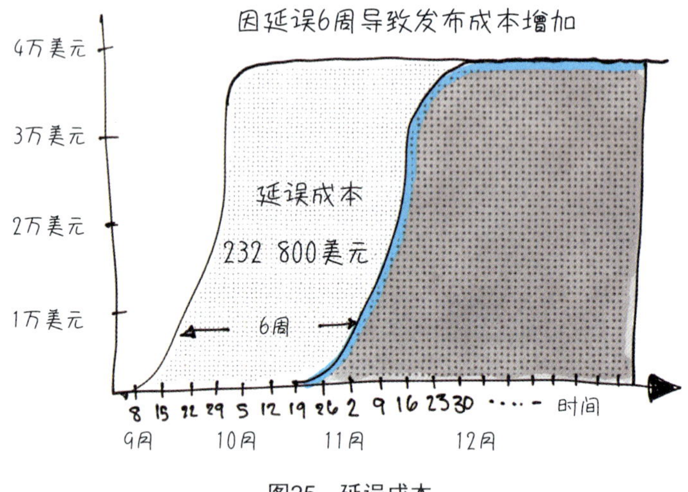

图25　延误成本

延误成本可用于设定工作的优先级，并将那些可能影响关键问题的项目可视化。将延误成本可视化可以促进围绕成本和收益的良性对话及正确决策。正如思想领袖、黑天鹅项目投资创始人约书亚·阿诺德所说：“延误成本结合了紧急性和价值这两种人们不太擅长区分的概念。为了做出决策，我们不但要知道某件事情有多少价值，而且要知道这件事情有多紧急。”

延误成本考虑了时间对价值的影响。价值通常意味着金钱，但并非总是如此。非营利的健康组织可能将拯救生命的数量视为价值。工作将按照最高的商业价值回报（经济或其他方面）来进行排序，而不是理论上的投资回报率。

延误成本考虑了所有对产生新收入、维持现有收入及与组织运营相关的所有费用的影响。

简单来说，延误成本与两个不断变化的变量有关：价值和时间。请思考以下有关延误成本的问题："延误会损失什么价值？""如果我们在12个月后交货，我们会损失多少钱？"

承诺原则

承诺原则体现了在特定状态前的关键底线，表明了你对工作的承诺。待办事项列表中的任务都是备选方案，或许永远不会被完成。但是一旦经过承诺，就明确表示某任务已经被优先考虑，并且正在向前推进（见图26）。该任务不再是一个备选方案，而是已达成一致并被优先安排的工作。

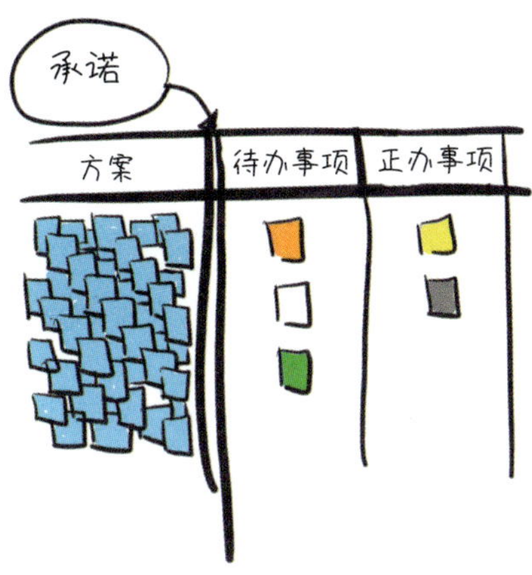

图26　被承诺的任务不再是备选方案

一旦经过承诺，就"板上钉钉"了。工作一定会发生，而且会付出成本。成本的高低取决于与其他计划的和承诺的工作竞争而延误的时间，这些工作都在争夺相同的关注和资源。

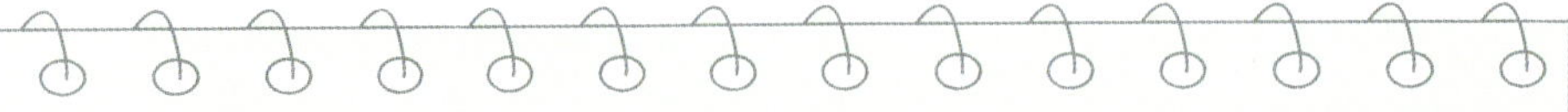

练习：将优先级可视化

目的：帮助你将具有竞争关系的优先级可视化并使工作的优先级更加清晰。大多数组织都有太多的高优先级任务，通过本练习，你将了解获得成功所需的专注度。

时长：60分钟

材料：你目前的工作流动或看板

说明：确保那些受影响的人在讨论中有发言权。将每个人的评论时间限制在5分钟以内。

需要讨论的问题：

- 你设定优先级的规则是什么？如何将其可视化？
- 当你已将工作的优先级排好，并准备开始工作时，你会如何发出信号？换言之，你是否要对工作做出承诺？人们如何知道该做哪项工作？
- 你如何以可视化的方式来区分工作优先级的高低？

关键点

- 当人们不清楚优先级时，就会接手更多的WIP。建立明确的优先级设定规则以避免太多WIP。
- A3报告法鼓励人们在有效的架构中进行精准沟通以达成理解和共识。有关A3报告法的更多信息，请阅读约翰·舒克的《学习型管理》。
- 有很多方法来设定优先级，包括薪酬最高者意见法、延误成本法、先进先出法和加权最短工作优先法。
- 将优先级可视化，以便人们清楚哪些才是最重要的工作。
- 运用承诺原则。将优先处理和已得到承诺的工作可视化。如果该工作与其他工作竞争，则会增加延误成本。

第11章 谨防疏忽

不要让重要的事情变紧急。

——伊里亚湖 · 戈拉特

2015年，美国的一个小镇。

在喝了第三口私酿威士忌后，首席技术官弗兰克深深地叹了口气。这是数据库服务器在本周第二次达到负荷极限。团队没有足够的时间来维修故障。

当一项新的工作请求被放到待办事项列表时，我们很容易像对待一把旧椅子一样将之前的工作搁置一旁。正如之前讨论的那样，在完成当前工作之前就开始新工作的成本是很高的。也就是说，当正办事项过多时，就会出现糟糕的局面：工作内容切换的频率增加，瓶颈出现，依赖关系增多，机会窗口关闭，假期到来。一项工作的延误导致堆积了更多的工作——“本想解决一个问题，结果带来了另一个问题。”这么做只会使工作时间增加，进而延误商业价值的交付。

在我曾经服务的一家公司中，IT运营团队有一个工作流动，其中最后一个步骤是验证。当时，由于没有更好的过程来提供实时反馈，团队只得在成果交付后才进行验证。如果没人抱怨，那就万事大吉。在等待验证时，大家通常无事可做，就把更多的工作从待办事项列表中拉出来放到“实施”栏中。结果，等待验证的工作队列越来越长，直到堆积了将近100项工作。许多交付的项目成果确实是合格的，但也有一些是不合格的，客户对此显然不会感到满意。

当那些处于下游的内部客户提到工作没有按预期交付时，IT运营团队需要很长时间才能对此做出回应，因为他们已经在处理下一个任务了。随着时间的推移，内部客户的反馈与运营部门的回应之间的周期越来越长，内部客户变得很不满意并最终放弃了与运营部门沟通。大家互相抱怨，部门间也互相抱怨。“运营团队从不回应，”内部客户说，“他们就像大型黑洞——等他们采取行动，地狱都被冻住了。”内部客户甚至还将运营团队说成“一文不值的团队”，运营团队的声誉因此一落千丈。

如图27所示的看板展示了IT运营团队的工作流动。在我的工作坊中就摆放了这块看板。我问大家：“这些任务堵在哪里？”不到一秒钟，人们就回复：“堵在验证工作！”

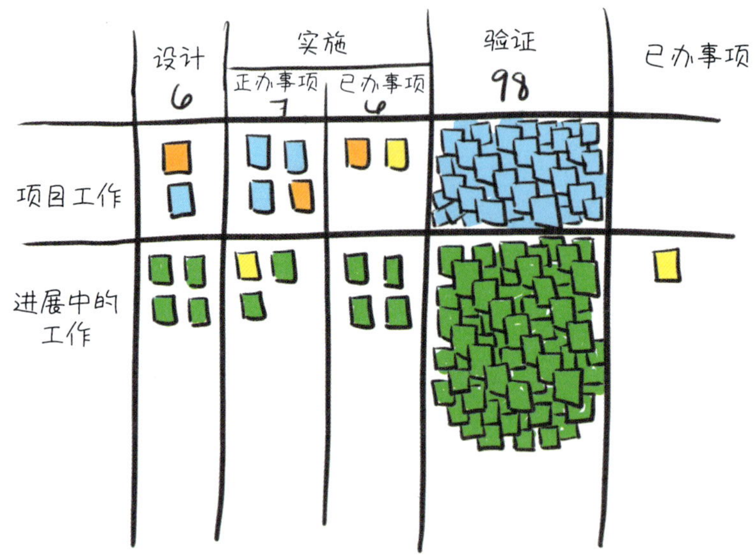

图27 验证工作的瓶颈

这就是看板的力量——即时传递信息。由于验证工作存在瓶颈，因此必须首先处理验证工作。

下面是我们所做的实验：我们制定了一个关闭验证工作的时间表。所有14天或更长时间未更新的任务将被关闭。对此，我们询问了一些关键相关方的看法，并且开始在IT运营团队和开发团队中推广这个想法。似乎没人真正关心我们的提议，所以我们准备了样板注释，将其添加到所有处于验证工作的任务中，并与运营团队和开发团队交流我们的计划。我们告诉大家，将在指定的一天关闭一些任务，如果有任何问题，请让我们知道。那天，我们关闭了104项任务，只有2个人反馈他们仍然想继续保留自己的任务。把所有任务都关闭了，这感觉真是太好了。

你可能要说，如果可以这样轻易地关闭这些任务，那么验证工作就没有价值了。实际上，许多被关闭的任务已经过时或已被废弃。请记住，其他团队

已经不再依赖运营团队，并找到了其他方法来完成任务。而我们没有在看板上停掉该项任务。

实验的下一部分包括逐渐减少等待（准备开始）验证的天数。我们给了团队30天的时间来调整将自动关闭的闲置任务，然后在下个月把任务未更新的时间限制从14天压缩至10天。团队很快就进行了调整并开始验证任务。与此前有所不同，在任务过期或被遗忘前，完成验证任务相对容易，因为他们对这些任务仍然记忆犹新。

一旦工作被搁置了几周甚至几个月，我们就会忘记细节，并且需要花很长的时间来回顾。这就是“被忽视的工作”带来的主要问题之一，也是我们应该避免工作被忽视的一个重要原因。被忽视的工作这只时间黑手喜欢你搁置工作，因为工作在被长期搁置后，你自己可能都不记得发生了什么。我们就以这样的节奏快速行动，把被忽视的工作翻了个底朝天。

当然，持续改进始终是我们的目标。30天后，我们将时间限制从10天压缩至7天。再过30天，从7天压缩至5天。我们为什么不从5天开始呢？如果一开始就把时间限制设定为5天，实验根本无法进行，因为这样的改变太突然了。相对来说，2周是一段很长的时间，对任何人都没有太大的冲击。这种渐进式的改变使人们能够从容地进行调整和适应。现在，团队通常每5天就清空一次验证任务的列表（有时会花费更长的时间，但现在大家都会更新任务状态以使其始终有效），这样就大大缩短了任务周期。工作在系统中得以快速流动，在验证中出现的问题也会立即显现出来。随着验证瓶颈的缓解，我们开始处理下一个瓶颈。

同时处理多个任务是让你的工作完成得更少的“有效”方法，也是增加被忽视的工作的“有效”方式。当你试图同时做太多事情时，你一件都做不好，而且也根本无法完成。被忽视的工作是部分完成工作的另一种说法。以一座部分完工的桥梁为例，我们已经对其投入了相当多的资金，但在完工之前，这座桥梁没有任何价值。

当重要的工作变得紧急时，被忽视的工作就会占用你的时间。良好的时间管理意味着把时间花在重要的事情上，而不只是紧急的事情。花点时间在防火工作上，你就可以减少灭火的时间。

收入保护型工作是被忽视的工作这只时间黑手的主要目标。公司的管理者通常不知道维持系统安全、可靠和正常运行的重要性，认为创收型工作比维护和支持工作更重要。在许多公司，业务人员最关心的是短期创收，而很少考虑平台系统的长期健康。因此，在出现问题前，收入保护型工作一直处于次要地位，例如，分布式阻断服务受到攻击，或者金融数据库被破坏导致信用卡无法支付等。

有意无意地，人们总是专注自己的工作，认为他们的同事会处理问题，一切都会运转良好。人就是这样的。除非身体出现了问题，否则我们都不太愿意每年进行一次体检。

找出被忽视的工作

介绍一种让被忽视的工作变得显而易见的方法。你可以对在一定天数内没有移动或更新的工作项进行标记。在图28中，有2个被标记的工作项，一个标记了9天，另一个标记了13天。

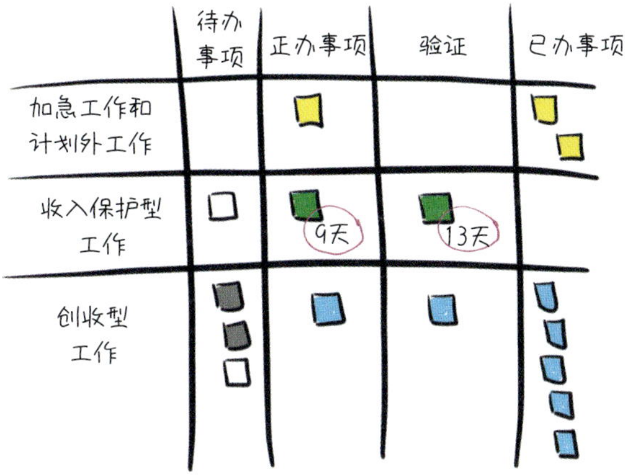

图28　曝光被忽视的工作

然后，你可以将这些被忽视的工作可视化。在你的系统中查询30天未处理过的所有WIP（不是待办事项，也不是已完成的或已归档的工作）。如果筛选出来的工作项太多，无法在一屏上显示（在不滚动屏幕的情况下），那么可将筛选条件提高到60天、90天或120天。我见过WIP超过300天（未处理）的团队，所以如果你也有这样的情况，也不要觉得太糟糕。

为了处理这些被忽视的工作，请直接与工作的创建者和负责人一起参加10分钟的每日站会（只需10分钟）。

这里有一些可供使用的话术：

主题：工作项#……（在此输入工作项的标题）

受邀者：工作的创建者和负责人。

位置：多米尼加的办公室（也可以远程或视频交流）

描述：该工作项现在很出名，它是系统中最古老的WIP。

我们是否可以在明天用10分钟的站会来看看怎样才能关闭它？

谢谢！

多米尼加

每日站会可以帮你确定哪些项目值得保留，哪些项目可以快速关闭，哪些项目又是需要清除的僵尸项目。请记住，“僵尸项目”是低价值的项目，但它会消耗时间、精力和金钱。消灭“僵尸项目”有助于减少被忽视的工作，并使你在更少干扰的情况下以更快的速度交付更多的重要项目。

即使被忽视的工作不是优先事项，它仍然会耗费你的精力。被忽视的工作经常会缠着你，一直分散你的注意力，让你在应该关注的事情上分神。在管理被忽视的工作时，你需要做以下3件事。

1. 确认看板上没有移动的被忽视的工作，以及它对其他工作的影响。
2. 为完成最重要的工作预留空间，减少WIP数量，讨论优先级。对于一些工作，必须有取有舍。要么关注并解决它，要么将其移回待办事项。
3. 使用第9章中提到的一些方法来管理你的时间，并在完成旧工作之前不要开始新工作，正如作家阿恩·洛克在他的著作《停止开始，聚焦完成》中所说的那样。

练习：创建呆滞工作报告

目的：通过处理被长期搁置的工作来改善价值流。呆滞工作报告显示了已经被长期搁置的WIP。

时长：40~60分钟

材料：

- 白板、白板张或墙面
- 报事贴
- 白板笔
- 电脑（当然还有比萨）

说明：利用你的工作状态追踪工具来查找优先级高的且已在30天内没有任何进展或更新的部分完成工作。如果在30天内没有进展或更新的工作数量较多，就将筛选条件提高到60天或90天。按照优先级进行排序，选择7~11个工作。在统计学意义上，7~11个数据已经足够了，只要数据来自真正的随机样本集。

在选择7~11个工作时，要注意以下几点。

- 工作已过期（未更新、被移动或取得任何进展）的天数。
- 相同类型工作的平均周期时间。
- 与其他类似的工作相比，该工作已经进行了多少天。

如果这些工作继续延误一周，会发生什么？（请写下来。）基于工

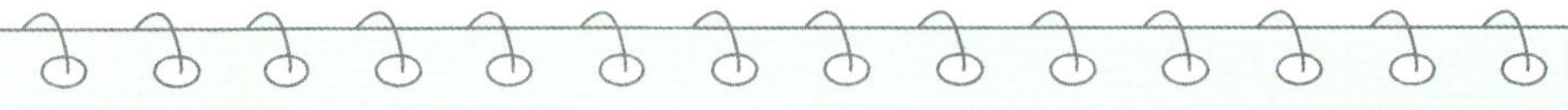

作延误可能发生的事情来考虑减少WIP数量并重排WIP的优先级。识别看板上最有价值的工作，并区分低价值的工作。如果有条件的话，做一次快速改进尝试，推动一项优先级最高的工作，并使它顺利交付。通过将工作可视化来改善工作流动。请记住，我们的目标是通过将重要的、被长期搁置的工作可视化来改善工作流动。

关键点

- 如果重要的工作被延误了，就会变成紧急的计划外工作。
- 将被延误的工作可视化。
- 找出被忽视的工作，清除低价值的项目。

第12章 看板实例

你无法通过遵守规则学会走路，只能从实践和跌倒中习得。

——理查德·布兰森

在本章中，你将看到一些看板的实例。在时间黑手已造成特定损失的情况下，通过应用这些实例来将你的工作可视化是很有用的。你可以把本章看作看板集萃，选择适合你的，忽略不适合你的。

多层看板

就像应用跨团队看板，将工作交接可视化一样，多层看板可以将多个项目和跨职能协作可视化。多层看板提供了从项目组合级别到团队级别的全貌，并对所有WIP进行了可视化。在图29中，高层级的项目集1、项目集2与团队看板相连。团队可以将其工作分解为更小的项目并创建相应的工作项。

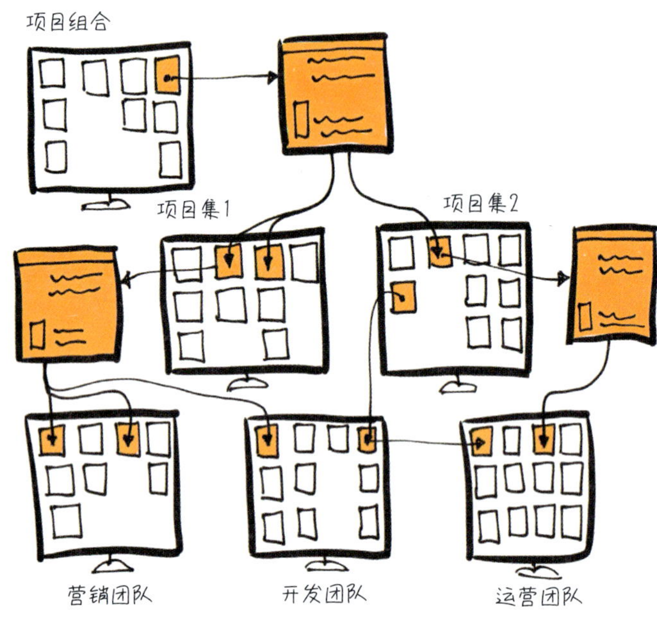

图29　多层看板

如果将工作移交给其他团队，例如，从开发团队移交给运营团队，那么其上一级工作就会与其他团队看板上的任务卡进行关联。这既表示了工作的移交，也使相关工作可视化。三层看板包括最高层级的项目组合看板、中间层级的项目集看板或价值流看板，以及最低层级的团队看板，该架构并不罕见。

已办事项（Done）与完全完成事项（Done Done）

这是整个流程的最后一步，工作将被移交给其他人，然后进行收尾。我们认为工作已经完成了。真是这样的吗？别急，还没那么快呢！希望你暂时不要将工作移至已办事项栏，以便将那些尚未给发起人创造任何价值的工作可视化。

想象一下放在杂货店架子上的一盒玉米片。在消费者购买它之前，玉米

片没有给其生产商带来任何价值。就像放在架子上的库存商品一样，在发起人验收之前，新开发的功能或故障修复也不能给他们提供太多的价值。

如图30所示，该看板设有“完全完成”栏。若想了解尚未给某人（客户或内部团队成员）提供价值的工作，团队可使用“已办事项”栏将“库存”工作可视化。只有在达到真正的目标后，工作才可以被移入“完全完成”栏。

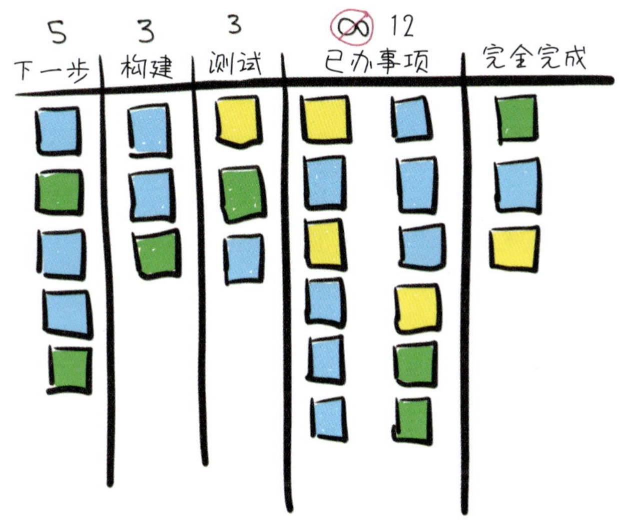

图30 已办事项与完全完成事项

有人会说，营销团队已经从“已办事项”栏中获得了价值，因为这标志着他们可以在工作被移至“完全完成”栏之前使用预期交付的成果来进行市场预热。

然而，客户对单纯的已办事项并不在乎。对他们来说，一个新功能只有在使用环境中能正常工作才算完成。完全完成才意味着真正的完成，其时间点通常在代码交付甚至发布之后的相当长的一段时间内。

PDCA看板

20世纪50年代，《转危为安》（*Out of the Crisis*）一书的作者爱德华兹·戴明向数百名日本工程师和企业家传授了统计过程控制（Statistical Process Control，SPC）和质量管理方法。日本企业采用了他的技术，进而实现了前所未有的质量和生产力。戴明使用了一种四步骤循环的方式来对流程及产品进行变革、问题解决和持续改进，这被称为PDCA原则，即计划（Plan）—执行（Do）—检查（Check）—行动（Act）。对于戴明的支持者来说，图31就是一个PDCA看板示例，通过戴明环的方式查看工作流动。

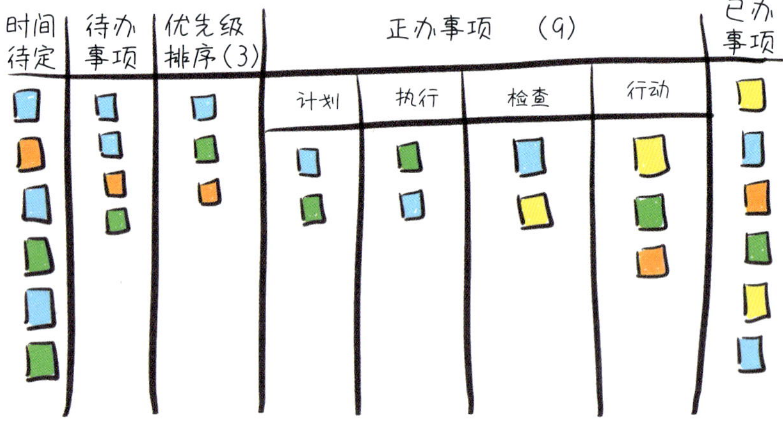

图31 PDCA看板

家庭项目看板

技术本身并不存在太多WIP的问题。我在本书的前面提到，人们通常会对他们的爱人说“可以”，推而广之，我们会对自己喜欢的人说“可以”，于是便有了这个家庭项目看板（见图32）。

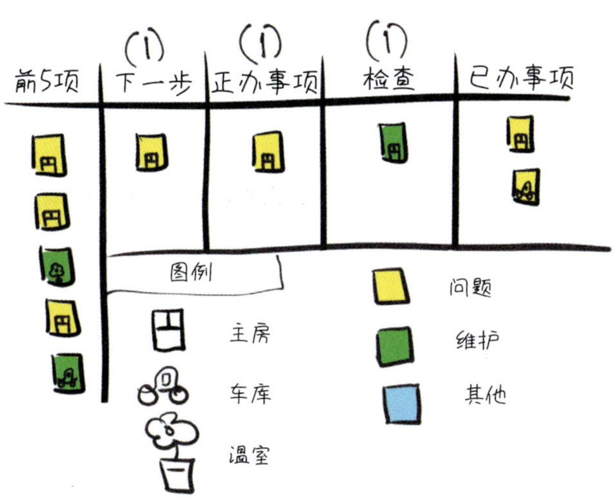

图32　家庭项目看板

我们将家庭项目的工作分为三类：黄色表示问题，绿色表示维护，蓝色表示其他工作。工作在五栏中流动。看板显示了下一步要做的工作、目前正在做的工作、刚刚做完且正在被检查的工作，以及一致认为已经完成的工作。在“前5项”栏中列出的是当前优先级最高的工作。需要提及的是，我们没有在家庭项目看板上显示冗长的待办事项列表。这时，排序和讨论待办事项的优先级是没有意义的，因为工作的内容可能在我们着手处理时已经发生变化。

还记得在本书第1章提及的情景吗？当我的丈夫站在摇摇欲坠的破旧屋顶上时，我却不合时宜地向他提出建造温室的无理要求。这就是我们现在要限制“下一步”和“正办事项”栏中WIP数量的原因。你看，在“正办事项”栏中的工作被移至“检查”栏之前，我不应提前催促甚至不应谈论下一步的工作。用看板将这些工作可视化就是一个有效方法。我从中学到的是，在还未进行检查（验收）前，不能说工作已经完成了，这对双方来说都是公平的！

管好搬家项目

与我们刚刚讨论的家庭项目看板异曲同工，茱莉亚·韦斯特也使用了特定看板来管理自己的搬家项目（见图33）。有意思的是，韦斯特不仅使用看板来设定搬家中各个工作项的优先级并跟踪搬家的进度，而且还使用任务卡将每个工作项的成本可视化，从而可以了解搬家的总体成本。

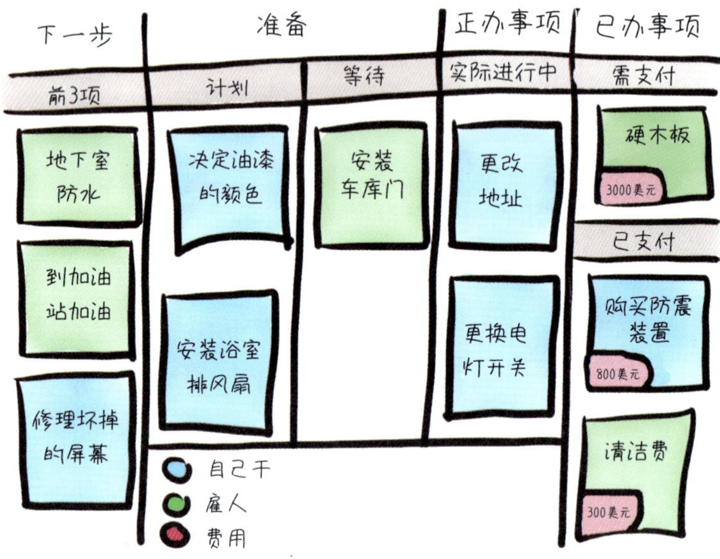

图33　搬家项目看板

看板中的重复性任务

有很多方法可以将重复性任务可视化。吉姆·本森和托妮安·德玛丽亚·巴里在《个人看板：映射工作，导航生活》（*Personal Kanban：Mapping Work, Navigating Life*）一书中介绍的隔离方法给我提供了灵感。

这是一个既简单又精妙的方法，可用于处理看板中的重复性任务。我重新设计了看板，以提供更多的数据。如果你使用的是电子看板而不是实体看板，那么就可以根据我的修改来设计看板（见图34）。

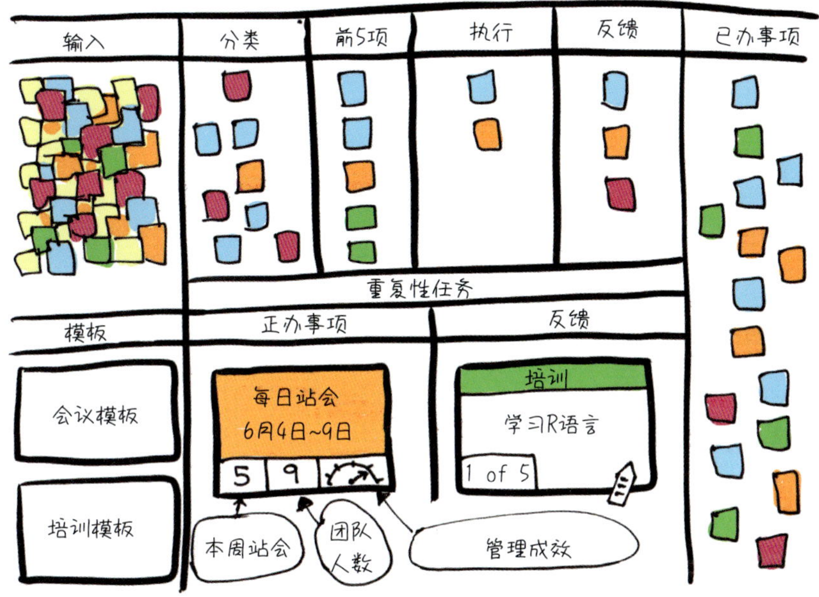

图34　看板中的重复性任务

看板被一分为二。重复性任务放在下半部分，标准工作放在上半部分。为重复性任务创建模板卡，并在模板卡上填好所有信息。你要做的就是复制模板，并将其放入“正办事项”栏。毫无疑问，填写文字的负担连同无法将工作可视化的借口都不复存在了。

在图34中，使用模板的第一个例子是安排会议。通常，每天都会有一次9人参与的团队站会。我们不需要为每次站会都创建专门的任务卡，只要将填好信息的会议模板卡一直放在重复性任务的“正办事项”栏中即可。会议模板卡上的数字显示了参加站会的人数（9人）及站会的次数（每周5次）。

同样，我们也可以很容易地复制和重复使用培训模板，以跟踪培训中的所有重复性任务。

请在看板的专门区域中放置重复性任务。将这些任务可视化是很重要的，因为它们增加了WIP数量，并且我们也应该了解这些任务的影响。还记得第9章里提到的运营经理艾瑞克吗？朋友们，千万不要像艾瑞克那样！

采购订单看板

有时，处理采购订单太费时了。用处理一个采购订单所花费的时间来环游世界，这听起来也并不夸张。与我交谈的每个人都努力在其组织中贯彻精益思想，但是最终都会与他们的会计系统发生冲突。毫无疑问，传统的会计系统有诸多限制且效率十分低下。财务部门是在精益转型中仅存的几个拒不合作的部门之一。

传统公司按照成本和利润来开展业务，因此，五只偷走时间的“黑手”可以肆意而为。而这些“黑手”很难从专注客户和/或商业价值的精益组织中窃取时间。好消息是，一些首席财务官明白了这一点，正在从传统的基于项目的资源分配和成本核算模式转向速度更快、管理费用更低的财务管理模式。这是个好现象！[1]

如果你还在为财务问题苦恼，可以计算一下工作在财务队列中等待的时间（例如，给你最喜欢的顾问付钱要花多长时间）。

请看图35中的2条水平泳道。一条无采购订单，另一条有采购订单。“待批”栏和“采购订单”栏可将因等待财务批准而被搁置的工作可视化。请记住，看板的目的是将问题可视化，以便我们解决问题。在本例中，可以计算一

1　更多相关示例可以参阅由Brian H. Maskell、Bruce Baggaley和Lawrence Grasso合著的*Practical Lean Accounting：A Proven System for Measuring and Managing the Lean Enterprise*。

下等待财务批准所耗费的时间，并将其当作参考数据，让财务部门了解这么做带来的代价。

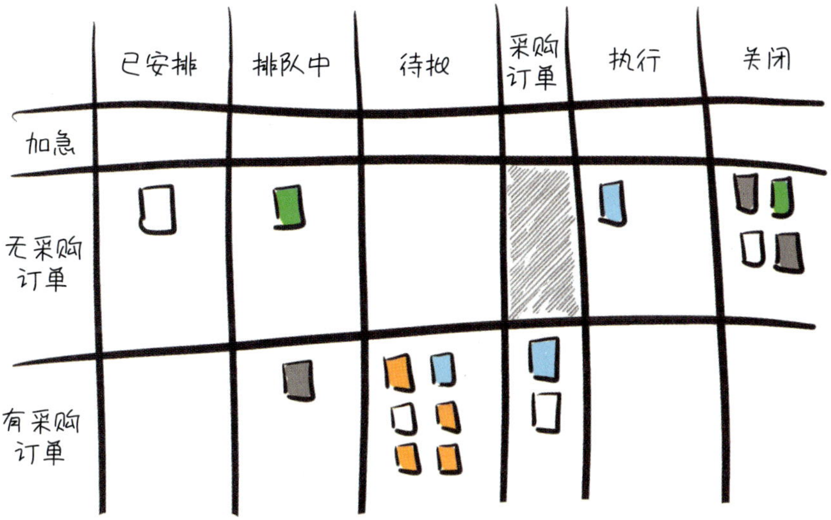

图35　采购订单看板

其实，很多具有专业知识的成年人也很难掌控一切，更别说年轻人了。正如我们所知道的那样，学生要应对课程、家庭作业、家务和课外活动等许多事情（其中很多事情未能在日程表中显示出来），这会导致到了截止日期前的最后一分钟他们还在仓促赶工。对所有相关人员来说，这一结果很难令人满意。

我们可以避免因拖延带来的额外压力。不要将作业长时间屏蔽在日程表之外，以避免出现“眼不见，心不烦”的情况，要让学生的所有活动都在一页纸上看得清清楚楚（见图36）。

我们已经介绍了多种看板，可以通过将工作可视化的方法，提升自己找出并曝光时间黑手的能力。接下来，让我们更进一步。要用这些知识在实践中做些什么呢？如何向上级证明看板、可视化效果和新型实践正在发挥作用呢？为什么这很重要？如果你想知道答案，就继续往下读吧。

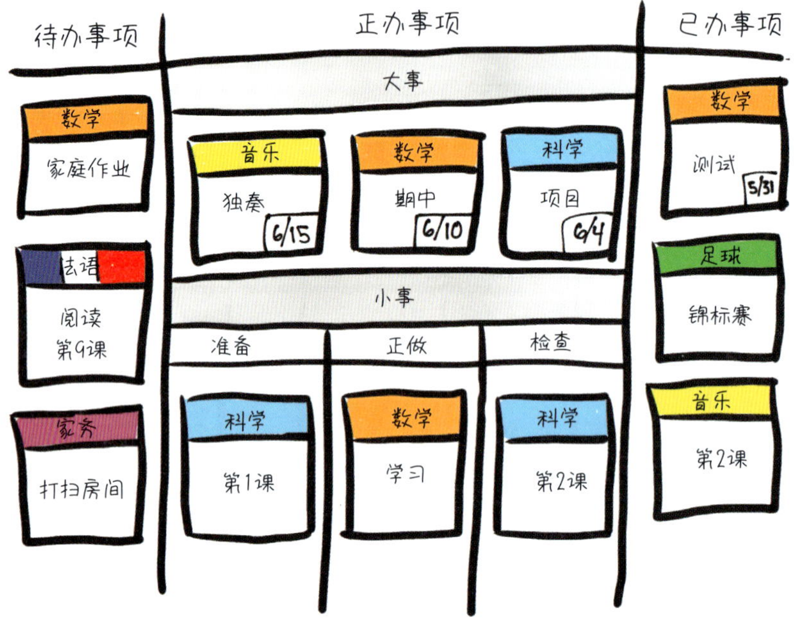

图36 学生看板

关键点

- 多层看板提供了整个组织的工作流动的全貌。
- 通常，无须用看板跟踪小任务。如果有助于交接、将某人的工作可视化，或者将存在的依赖关系通知其他团队，也可以将小任务放入看板。
- 可以通过采购订单看板提供一些指标，以获得对传统会计制度进行变革的认可。
- 看板也可以应用于非工作场合，从家庭项目到学业管理，看板能为家庭生活带来顺畅的流程。

第3部分

指标、反馈与环境

无知之墙让很多人无法看清彼此，只有通过交流才能破除这堵墙。

——斯科特·马克劳

当所有时间黑手联合起来偷袭你的团队时，就很难看到它们对整体的影响。

但是，如果我们能看到它们，标记它们，将它们曝光，那么我们就能找到如何将它们赶出业务的方法（见图37）。为此，可以使用名为“聚光灯”的工具。它就像聚光灯一样，可以将时间黑手带来的风险因素曝光。

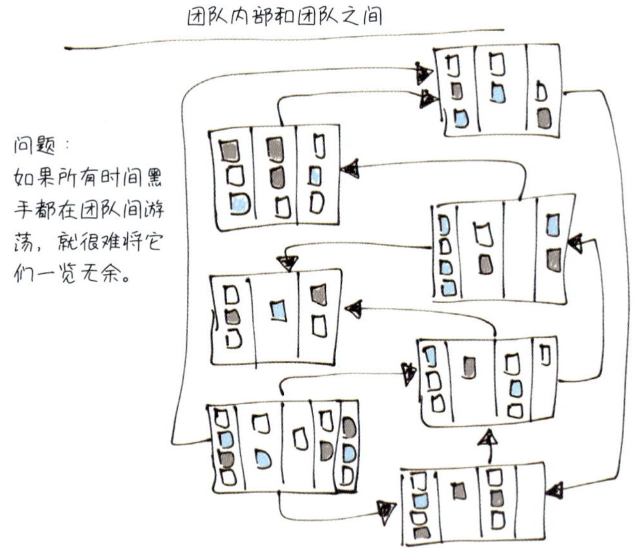

图37　跨团队看板

你怎样才能知道你和团队在这方面做得如何？这就是第3部分要讨论的全部内容。第3部分将讨论如何使用流动指标来度量工作流动的运行状况，以及度量的具体方法。

在第3部分中，我们将讨论一种用于沟通组织运转方式的、非常重要的却被大多数人遗忘的工具——运营评审。这是一个客观的、基于数据的组织健康状况审查方法。可以采用简短的谈话方式，也可以在一个专门的房间来进行定期会谈、讨论和学习，正如我们将在第16章中介绍的精益咖啡和其他简短且重要的讨论一样。这些方法能够给予我们启发，还能帮助我们迅速抓住重点。

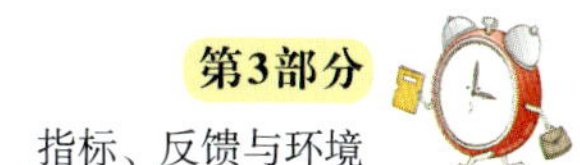

我们不想让时间黑手窃取时间，哪怕是1秒钟。

曝光时间黑手是我们迈出的一大步，一旦你知道了这5只时间黑手的藏身之处，就很容易将它们抓获。现在，游戏该升级了。因为风险是主观感受，所以我们要将时间被窃的损失转换成指标，以帮助我们推断系统中的风险或不确定性。通过曝光不确定性，就可以对其采取行动，从而为下一个决策提供参考。正确的行动需要额外的技能和更多的信息，而不是从水晶球里看到的虚幻影像。让我们从如何度量成功及如何做决策开始吧。

第13章 指标或预算

大致正确比完全错误要好。

——约翰·图基

在这里，我们将使用指标来为客户设置更合理的期望值。客户似乎总在抱怨完成任务的时间太长，并且看不到任务的进展情况。因此，将工作可视化是一件秘密武器，能够曝光时间黑手及其对你和组织造成的破坏。采用量化指标，可以帮助你成为理性声音的代言人，并能在组织中快速做出变更。此外，指标也更容易得到大家的关注。

很多团队使用不合理的截止日期来设定期望值，因此他们始终都无法兑现。要使用更合理的方法，也就是概率法。

不知道截止日期，你就会担忧。请注意，截止日期只在某些情况下是合理的。截止日期是否准确取决于我们在估算时选择的角度。

2018年足球世界杯定于2018年6月14日开幕，这是一个截止日期的实际例子。联邦政府进行的例行安全审核也有设置截止日期的环节。

首席财务官准备将客户关系管理系统上线（该系统会让财务部门一半的人丢掉工作），其上线时间则是一个不可靠的截止日期。该系统能够提升客户体验吗？不能！在周二、周四还是下周一上线？无所谓！

如果设定了正确的期望值，就没有必要给每项任务都设定截止日期。可预测性才是最重要的，可预测性能够节约时间。

要让任务变得更有可预测性，我们需要用到概率。一旦我们能够采用概率描述的方式，就能改善有关时间期限的期望值。设定更合理的期望值能让领导者满意，也能让那些乏味的每日站会和进度评审变得有趣起来。

好的指标能够帮助我们看到任务的进展，并了解任务真正花费的时间。这很重要，因为从技术客户那里听到最多的抱怨就是任务被拖得太久了。有了指标，我们就可以证明任务实际需要花费多长时间，然后分析为什么需要这么长的时间。

此外，问题通常始于不合理的截止日期。该截止日期（通常基于错误的估算）导致了不合理的期望值。尽管我们竭尽全力，但由于优先级冲突、未知的依赖关系和计划外工作，一切任务都陷入了困境。

每项任务实际花费的时间都比我们计划的要长，复杂任务更是如此。霍夫斯塔德定律[1]（Hofstadter's Law）是嘲讽复杂任务的完工估算准确性的理论（即便你已经考虑了霍夫斯塔德定律，任务的实际耗时也总会比你预期的要长）。根据经验，我们知道这是对的。当你提出需求时，哪一次提前收到了交付成果？如果你总能这么幸运，请给我打电话，我会给你打工。

纵观我的整个职业生涯，无论我在哪家公司，担任何种角色，客户总会抱怨：完成项目的时间太长！交付新功能的时间太长！建立新的云计算平台

1　由道格拉斯·霍夫斯塔德（Douglas Hofstadter）提出。

的时间太长！每个人都想更快地得到想要的东西，而且每个人都对延误感到不满。没错，当时间黑手得手，看到我们为此痛苦时，就会幸灾乐祸。

一旦确定了截止日期（通常由销售或市场负责人决定），一连串的延误通常就会从开发团队开始。当项目开始时，团队以为自己有足够的时间来开发和交付特性，但他们的进度经常因为任务没有按计划进行而落后。他们或许不知道与其他团队的依赖关系；他们或许没有预料到相关的数据库管理系统会如此薄弱；他们或许没有考虑到核心应用程序的开发人员会病倒。不管原因是什么，当这些意外状况干扰了他们的计划时，他们就会错过截止日期。

在进入运营后还会产生其他延误。例如，承诺对运营没有影响的变更实际上产生了影响；数据库升级占用了重要的跨团队规划会议的时间；自动化工程师离职了（跑去攻读物理学博士学位）。

在缺乏相关信息的情况下，很难确定交付时间表和截止日期。与基于数据做出的决策（如可视化的工作）相比，缺乏数据依据往往会导致主观臆断，由此做出的决策也是令人怀疑的。你愿意接受有10年抗震加固经验的认证结构工程师的建议，还是你那位会计师姐夫自行研究的号称最佳改造方法的建议？这就是指标如此有用的原因——指标能帮助我们做出正确的决策。

想象一下，在没有燃油表、指南针或航速表的情况下驾驶飞机。这对飞行员来说风险有多大？驾驶舱内的飞行仪器都有它们存在的理由。如果没有这些仪器，飞行员将很难获得有关油位、航速和方向的信息。这反过来又会影响机场塔台内的空管人员，因为他们要给多架飞机导航，以确保飞机安全着陆。同理，在信息技术中，缺乏可视化的数据会让我们对问题视而不见，因为没有任何东西可以告诉我们工作实际完成得如何。当我们看不到问题时，就很难分析它们，这反过来又使我们很难知道应该往什么方向前进。这就是好指标的价值——好指标能够指引正确的方向。

在估算任务持续时间时（请牢记霍夫斯塔德定律），要查看度量进度的指标而不是度量活动的指标，这一点很重要。度量实际进度的一些最佳指标是交付时间、周期时间、WIP和呆滞工作报告。在本章接下来的部分，我们将重点介绍这些指标。

流动指标

上司（或客户/搭档/老师/教练）想知道什么时候能完成某项任务。许多人回答该问题的方法是，先算算完成该任务的每一步需要多长时间，然后把它们累加起来。通常，因为实际花费的时间总比预期的要长，为了更好地估算，就会预留缓冲期。毫无疑问，人们不擅长估算，即便在他们的专业领域也是如此，包括我自己在内。

当时，我估算我和丈夫在地下室进行的抗震加固工程需要花费4周时间，而实际上花了6周。我们当时没有考虑到的情况有：将金属的煤气管和水管换成软管需要花费时间（虽然我们以前做过很多煤气管和水管之类的工作）。

在回答"何时能完成"这个问题时，人们总是倾向于乐观估算，在评估软件项目时也不例外。开发人员会提出管理层认可的乐观估算，因为业务目标可以在该估算下实现。此外，我们接受了更多的任务，因为我们是一群乐观的人——这就是第1章中提到的说"可以"的5个原因之一。

传统估算过程的问题（估算完成任务的每一步所花费的时间，将其累加起来并预留缓冲期）在于，完成任务的每一步都充满不确定性，每一步都极易受到未知的依赖关系、计划外工作、优先级冲突这些时间黑手及假期、下雪天和无数意外事件的干扰。估算充满了大量的不确定性，而非确定性。

估算过程很重要，因为从传统意义上说，如果不能准时完成项目（在大多数情况下），就要有人对糟糕的估算负责。随着越来越多的项目延迟完成，越来越多的人无法实现他们的目标，“不做估算”运动的势头因此愈演愈烈。怎么办？那么就让流动时间来帮你吧。

流动时间是对一件事情从开始到结束所花费时间的度量。说到这里，你会说：“等等，这说的是周期时间吧。”对的。尽管如此，这还取决于你用什么来定义。问的人不同，周期时间的含义也不同，我很快就会讲到这个概念。要知道，周期时间是一个模糊的术语，这也是我在讨论进度指标时更喜欢使用流动时间的原因，因为它与精益方法是吻合的。实际上，流动时间是精益方法的主要支柱。“流动时间”这个术语已经出现一段时间了，并不是我创造出来的。

流动时间分为开始和结束时间。流动时间不会因为周末的到来而停止，它不考虑开始—暂停、开始—暂停、开始—暂停这样的重复。流动时间要考虑的是，将在多少天内完成工作的x%的概率进行量化（见图38）。

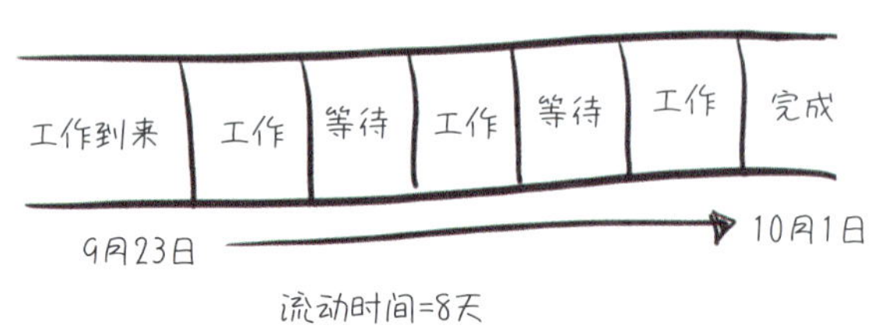

图38 流动时间指标

收集以往工作的流动时间，例如，在10天内完成了某项工作的90%，就可以说，在10天内完成这类工作的概率为90%，换句话说，工作延误的概率是10%。这很重要，因为它让我们在面对客户时，能提供更好的可预测性。

交付时间与周期时间是两种流动时间的指标，都用于度量持续时间。以比萨饼订单和配送为例（见图39），当顾客下了比萨饼的订单时，交付时间的时钟开启，而周期时间的时钟要到厨师开始制作比萨饼时才会开启。顾客关心的是交付时间，他们希望比萨饼马上送到。商家（团队内部）关心的是周期时间，他们试图减少配送环节的等待时间以提高效率。精益组织优化速度和效率。

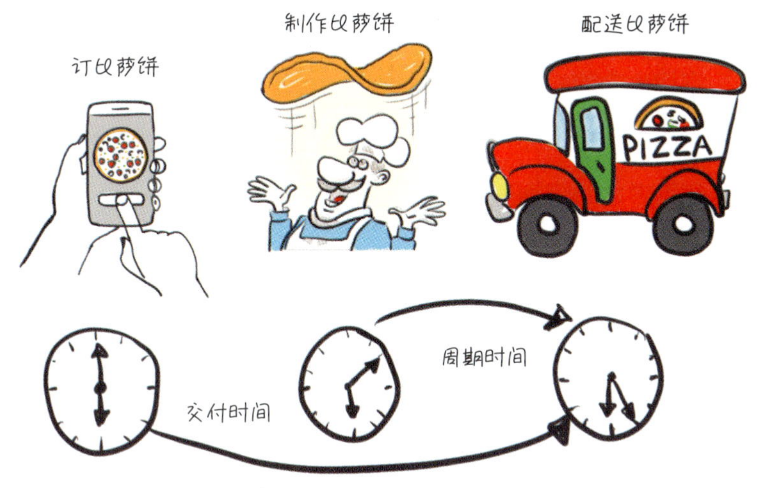

图39　交付时间和周期时间

从传统制造的角度来说，周期时间是平均完工时间。按照我们的设计，将周期时间定义为工作从开始到完成并交付给客户所经历的时间，这也是许多软件技术组织对它的定义。与交付周期一样，周期时间可以将工作何时完成的概率进行量化。周期时间很重要，因为它体现了在工作开始后内部所花费的时间。你也可以看到，因为与其他团队有依赖关系而导致的等待是如何影响进度的。

当WIP不断增多，流动时间延长时，就会降低可预测性。请记住，WIP也是度量同时在做多少项不同任务的一个指标。与大多数指标不同，WIP是一个先行指标。进行中的WIP越多，完成的时间就越长。我们可以参考利特尔定律（Little’s Law）来理解WIP造成项目完成时间延长背后的数学原理。回想

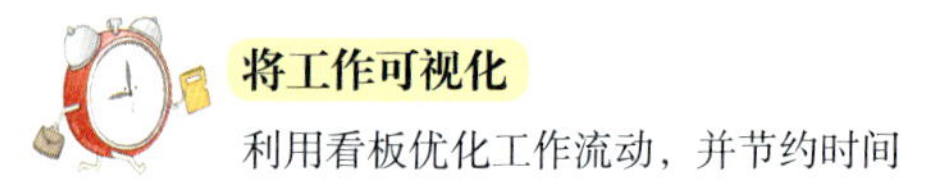

一下，交付时间等于WIP数量除以产出量，鉴于WIP数量是该分数的分子，当WIP数量增多时，交付时间就会相应地延长。撇开数学理论不谈，根据日常经验来判断也可证明这一点。

不过，利特尔定律也基于了一些假设。丹尼尔·瓦坎蒂在《可预见的可行性敏捷指标指南》一书中谈到了这一点，他讨论了利特尔定律，其关键在于首先要理解定律生效的必要假设。所有的指标都是基于假设的，利特尔定律也不例外。若要质疑一个指标，你首先要质疑指标的假设。为了让你的指标受到重视，需要仔细考虑并识别适当的假设。

利特尔定律中的假设：

- 所有的度量单位是一致的
- 平均抵达率=平均离开率
- 所有在系统中流动的任务都经过完成和退出
- WIP的平均时间从不增加或减少
- 在项目开始和结束时，WIP的总数量大致相同

如果一个培训团队在几周内不去客户现场或在会议上发言，他们就能集中精力编写培训材料，并在培训宣传上取得更多进展。当一个营销团队同时处理7个而不是13个方案时，进展就会更快。当大学生修两门课而不是三门课时，他们完成作业的速度也会更快。有人会说，这取决于工作的复杂程度。完成大学一年级三门课程的作业可能比完成研究生两门课程的作业用时更少，这就是要对任务进行分类的重要原因。在将任务分类后，你就会关注并获得每种工作类型的WIP报告（见图40），这反过来会改善你对WIP的分配方式。

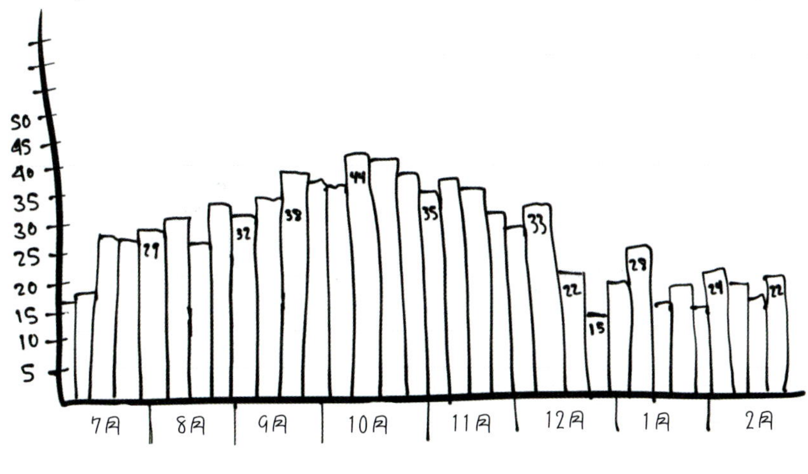

图40 WIP报告

排队论

为什么找一些医生看病总需要很长的候诊时间，而找另一些医生不是这样呢？是因为忙碌的医生医术更好，有更多的患者吗？据我观察，情况并非如此。我等待蹩脚医生的时间和等待好医生的时间一样长。我曾经候诊了1小时，结果医生告诉我，在膝盖骨脱臼后，已经没有任何办法来改善已经萎缩的股四头肌了。

我相信，候诊时间不长的医生诊室就是那些没有达到100%产能利用率的诊室。

WIP和产能利用率之间有密切关系。产能利用率是实际可用总产能的百分比。如果医生的出诊时间为10小时，并且这10小时都被患者约满了，那么该医生的产能利用率就是100%。如果医生的出诊时间为10小时，但患者只约了7小时，那么他的产能利用率就是70%。

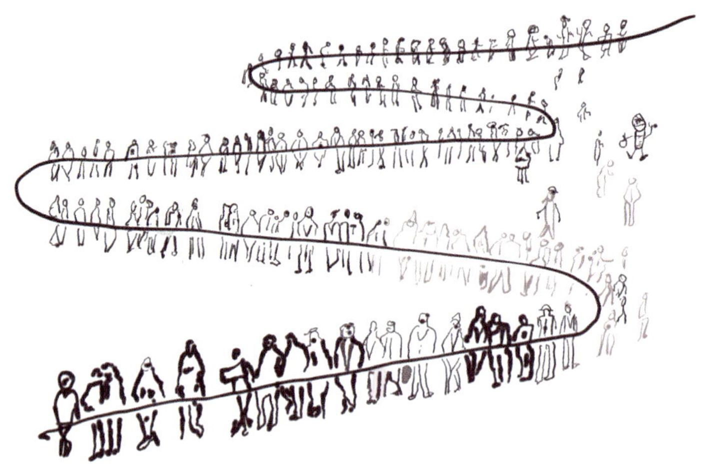

如果一位胃病患者打来电话，需要当天来看病，那么会发生什么情况呢？你们经历过吗？我经历过。我提前两天预约，在候诊室等候的30分钟里，不断有新的患者走进来，挂号，然后坐下候诊。过了10分钟后，前台却叫了新来的患者。这些已经等了40分钟的人翻着白眼，叹着气，开始在心里抱怨：找谁去要生命中那一去不复返的40分钟呢？！

想让人力资源和实物资源都实现100%产能利用率只会导致更多的等待时间，而且产能利用率越高，等待时间就越长，特别是在具有高可变性的领域，如IT行业。

请注意，当我提到可变性时，是指缺乏连贯性及事情经常会有变化，如意外事件。例如，当计划外工作这只时间黑手打乱了你的部署时就会出现意外，一个网络交换机的故障可能导致200或2 000台服务器瘫痪，或者有人入侵了目前未加密的数据库服务器。你还可以想象以下情景，布伦特生病了，打电话预约就诊，他一到候诊室就插到我们前面！

不可预测的事情会带来变化，而且变化越大，就越容易导致过载。人力资源利用率越高，成本和风险就越高。计算机在接近100%利用率时会停止响应。高速公路的承载量在被充分利用时会加剧拥堵。我认为好医生应该了解排队论，并考虑急诊患者这一可变性。人力资源和实物资源的利用率越高，队列就排得越长。虽然在某种程度上，我们凭直觉可以得出这一结论，但其背后是有科学根据的。

这一科学根据就是排队论。当我们经过数学分析后，就可以知道为什么产能利用率是影响队列长短的最重要因素。我们为什么会认为队列越长，耗时就越长呢？用金曼公式（Kingman’s Formula）（队列中平均等待时间的近似值）绘制的曲线显示了产能利用率和排队数量（等待时间）之间的关系，如图41所示。

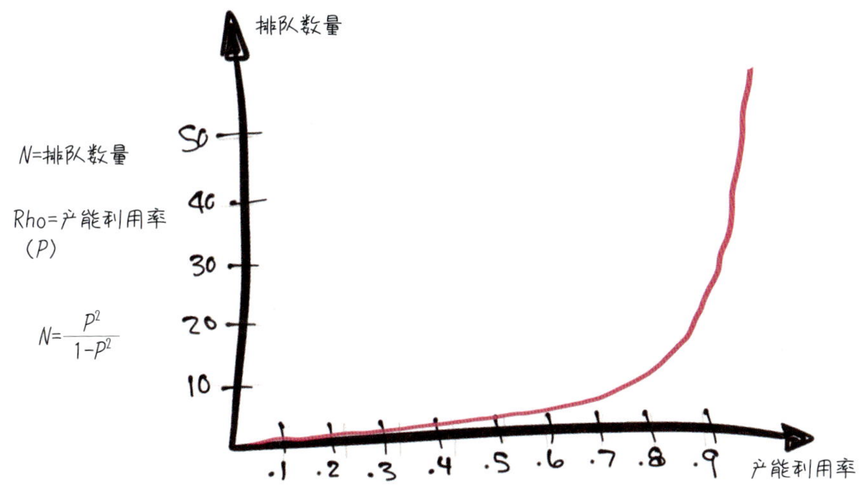

图41　排队论

排队论是研究排队的应用统计学理论。排队论将等待时间和产能利用率之间的关系进行了量化，无论到达时间和服务时间是否高度可变。如果提出需求的速度比系统能够满足需求的速度更快，就要排队。

当产能利用率达到80%时，队列长度会翻倍；当产能利用率达到90%时，队列长度又翻一倍；当产能利用率达到95%时，队列长度则再次翻倍。一旦产能利用率超过了80%，队列长度就开始呈指数级增长，导致处理事情的速度不断变慢，直到产能利用率达到100%时戛然而止。

你曾经在实行20%“创意”时间政策的公司中工作过吗？据我所知，他们这样做的目的不是为了创新（创新只是意外所得而已），而是为了维持80%而不是100%的产能利用率。1948年，3M公司为员工提供了15%的闲暇时间，几年后就开发出了“报事贴”这款新产品。

我们不会让服务器达到100%的利用率，所以对自己也不要这样做。

关注工作而不是人

呆滞工作报告显示了在管道（Pipeline）中未完成工作所搁置的时间（见图42）。只要看一看在系统中被搁置了60天（或90天、120天）以上的工作，就可以知道在系统中存在多少浪费。

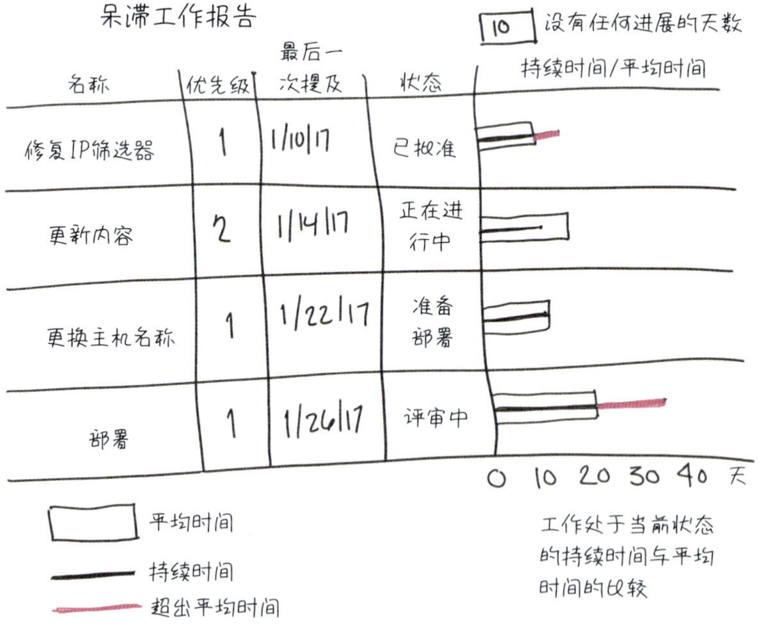

图42 呆滞工作报告

当人们缺乏证据并想说服他人同意自己的观点或采取某种行动时，只能依靠个人信誉。但是，由于团队处在动态变化中，缺乏证据就会无法让人相信，也会造成犹豫甚至怀疑。这时，定量测量的优点就显现出来——它比个人认知和经验更为准确。好的指标能够帮助我们做出好的决策。

说到效率，当你只关注资源效率而不关注流动效率（见图43）时，这简直就是在浪费时间。

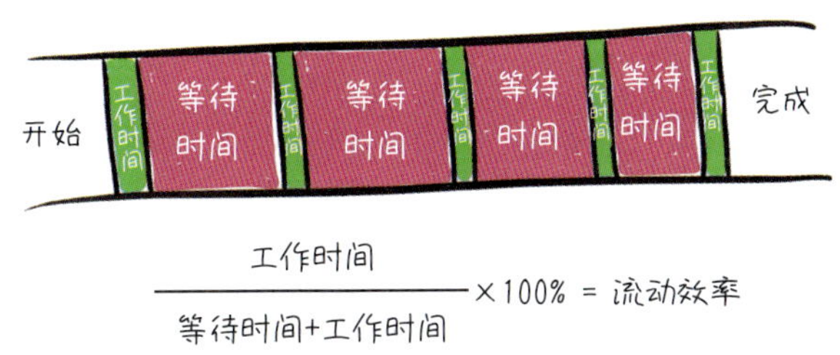

图43 流动效率

当遇到“何时完成”这类问题时，好的指标可以帮助其他人看清全貌并设定准确的期望值。在设置截止日期时人们通常不考虑等待时间。请注意，问题常常不出现在过程时间段，而出现在等待时间段。要关注等待时间段，而不是过程时间段。例如，在交货时，产品的批量规模应该是多少？最佳交货率是多少？

我们要考虑以下2个因素：

1 延误反馈和延误发布都会产生成本。

2 初始设置、转换和协调工作都会产生成本。

最优批量规模取决于规模经济和延误反馈成本（储存成本和交易成本）的组合（见图44）。

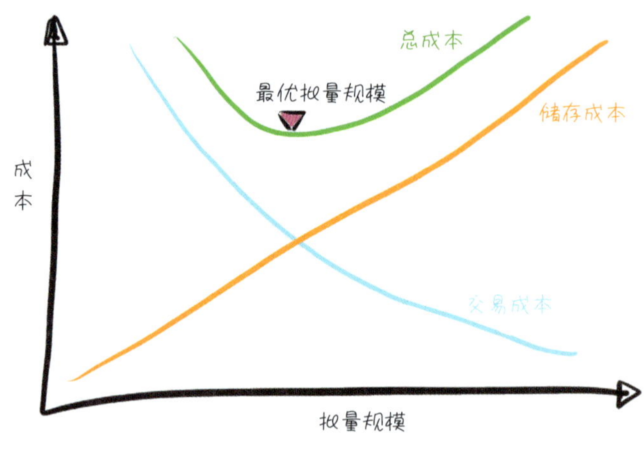

图44　最优批量规模

规模经济会让一些人对大批量规模生产产生误解。规模经济是指，随着产品产量增加而产生的成本优势。在某些制造业领域，这种成本优势体现得非常明显。波音公司会在装配线上生产大量单一品种的产品。因为每次只为一架飞机生产发动机的成本太高，所以要批量生产更多的发动机来降低相关成本。

通过提高效率，可以为大批量规模生产的产品带来更低的成本，例如，制造商用飞机发动机或出版书籍。然而，在知识工作中，协调成本随着批量规模的增大呈非线性增长。关于规模经济的老派管理假设并不适用于软件开发等知识工作领域。

在把小火炉稍加利用后，我就再也不需要换一个更大的新炉子了。我将自己的工作方式改为番茄钟工作制，并将定时器设置为30~45分钟，即在铃声响起之前我可以埋头工作。当铃声响时炉子里剩下的燃料也不多了，就可以往里面扔更多的木头，让火继续燃烧。然后，我又有30~45分钟不被打扰的时间。花3~5分钟进行短暂休息比我预想中的更有用。

我站起来，伸下懒腰，估算下完成了多少（或还有多少未完成），然后激励自己在接下来的30~45分钟里做得更好。之前，在用90~120分钟的时间段

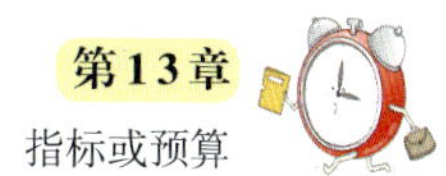

来工作时，自己会不由自主地在不必要的事情上花费太多时间。更短的时间段带来了紧迫感，让我能更快地完成工作，并鼓励我把工作进一步分解。最终，我的效率更高了。

想象你在杂货店买香蕉的情景。如果你一次买了六个月的量，虽然你的交易成本很低，但大多数香蕉会在10天内腐烂，因此浪费了钱。如果你一次只买一天的量，虽然香蕉不会腐烂，但你的交易成本会很高，因为你每天都要去杂货店购买。因此要找到介于两者之间最合理的香蕉数量。

减小批量规模是精益生产的关键原则。小批量规模生产可以使制造商大幅削减生产过程中的工作量，加快反馈速度，从而缩短生产周期，提高质量和效率。小批量规模生产在软件开发中的优势更大，因为很难“看见”代码，如果不经集成就投入运营，代码就会一无用处。

要使交付时间变短的最佳方式之一就是将工作小批量化。当前WIP的平均数量与批量大小成正比。与限制WIP数量一样，小批量规模也是一个积极因素。将工作小批量化能够减少在收到反馈前所需完成的工作量。更快的反馈会带来更好的结果。

在大多数价值流中，小批量规模能够实现快速交付和可预测的交付时间，这就是我们不懈地专注于创建一个平稳和均衡的工作流动的原因。

当你能够在工作和生活中进行上述实践，并通过指标来呈现这些实践如何节省时间、金钱和压力时，你就能更主动地赶走时间黑手。

关键点

- 工作延误是很常见的。使用指标，特别是流动指标可以帮助你在优先级、限制WIP数量和产能利用率方面做出正确的决策。
- 不要让你自己和团队达到100%的产能利用率。
- 寻找最优的批量规模，以帮助你实现效率，同时降低交易成本。

第14章 抓获时间黑手的“聚光灯”工具

把精力放在制定一些能帮你做出决策的指标上。

——埃里克·里斯

女士们先生们，现在要向你们介绍抓获时间黑手的“聚光灯”工具了！

该工具将对这些造成组织不确定性的时间黑手进行集中曝光。

本章旨在介绍一些能揭示高风险的指标。常见的指标有：一段时间内完成的故事点数（速度）、运营中的故障数或运营中的部署点。

在这里，我们要讨论时间黑手会造成哪些问题，以及这些问题将如何阻碍团队快速交付高质量成果。太多WIP、计划外工作、被忽视的工作、优先级冲突和未知的依赖关系都是导致工作进展缓慢的常见原因。那么，应该如何度量这些时间黑手呢？

使用工作项类型和标签，或者将两者结合，可以抓获这些时间黑手。如果能对其进行量化并度量，我们就可以同时看到被窃取的时间及始作俑者。如果能知道计划外工作这只时间黑手在厨房用刀作案，或者太多WIP这只时间黑手在图书馆用蜡烛台作案，那就太好了。抓获时间黑手的“聚光灯”工具揭露了谁是罪犯，并体现了流失的价值（见图45）。

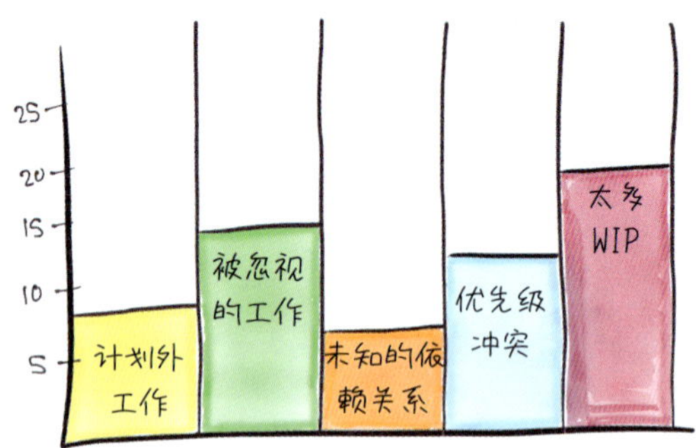

图45　抓获时间黑手的“聚光灯”工具

使用“聚光灯”工具时，应在看板上标记所有时间黑手。在图45中，用不同的颜色标记了每只时间黑手，让它更具可视性。一旦把所有时间黑手都进行了标记，就可以更好地可视化和统计，以便每周或每月对其进行跟踪。通过这种做法，你可以看到那些分散在多个团队看板中的模式和关系。

我们可以查看抓获时间黑手的整合“聚光灯”工具（见图46），以比较每只时间黑手及其每周的活动趋势，从而查看所有团队的太多WIP总数量随时间变化而波动的情况。

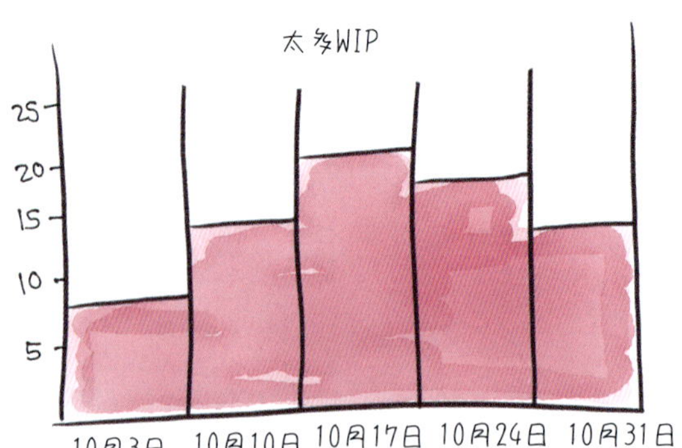

图46　抓获时间黑手的整合“聚光灯”工具

当然，有很多方法可以让时间黑手可视化。图47显示了平衡计分卡的示例，来帮助人们确定应该首先关注哪些时间黑手，哪些时间黑手被处理得很好，以及哪些时间黑手窃取了时间和可预测性。跟踪和度量这些时间黑手可以让人们及时对其采取必要的行动。

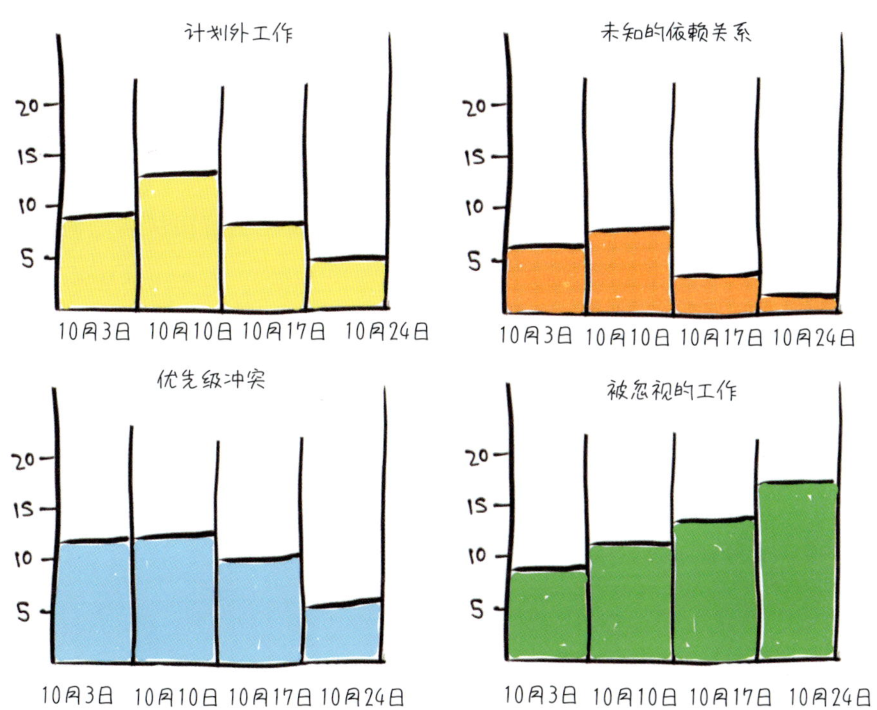

图47　平衡计分卡

我在工作中经常被首席信息官问到DevOps法、精益方法、看板法或其他方法。与我交谈过的首席信息官们有两个答案：更低的风险和更高的可预测性。抓获时间黑手的“聚光灯”工具正好派上用场，它将与计划外工作、被忽视的工作、优先级冲突和未知的依赖关系相关的风险（不确定性）曝光出来。抓获时间黑手的“聚光灯”工具还可以显示WIP数量何时会超出限制（基于团队自己设置的WIP数量限制）。由于WIP数量是一个先行指标，跟踪WIP数量就可以尽早发出问题信号，并警告你，将花费比预期更长的时间完成工作。如果准时交付的可预测性很重要，那么对于首席信息官来说，拥有信息透明度的价值意味着什么呢？不言而喻，有效沟通需要不同来源的关键信息。你完全可以把抓获时间黑手的“聚光灯”工具作为重要信息的来源。

关键点

- 抓获时间黑手的“聚光灯”工具揭示了在组织的工作中有哪些时间黑手，以及这些时间黑手造成了多少损失。
- 抓获时间黑手的“聚光灯”工具的指标为渴望了解团队问题的领导者提供了信息透明度。这些都是绝佳的资源，可以让高管参与进来，做一些能够提高可预测性和减少风险的事情。

第15章 运营评审

让流动管理流程，而不是让管理来管理流动。

——大野耐一

大卫·安德森向我们介绍了科比斯公司的运营评审，其管理团队中的每个人都必须报告各自团队的指标。这是我第一次作为团队领导者向30人以上的群体报告指标。我胆战心惊地站在会议室里，我的声音在颤抖，我的心在狂跳，我想我可能要吐了。如果我的报告让团队失望了怎么办？

这段经历告诉我，管理职责包括了解团队需求，并能够将需求与团队满足需求的能力相关联。

图48是一个累计流动图（Cumulative Flow Diagram，CFD），它显示了WIP总数和延迟交付工作的折线图。在运营评审中，我代表构建和发布团队每月呈现一次累计流动图。当需求在6月激增时，因为我能够很好地让大家看到这个激增，所以要求增加人手的请求就被批准了。

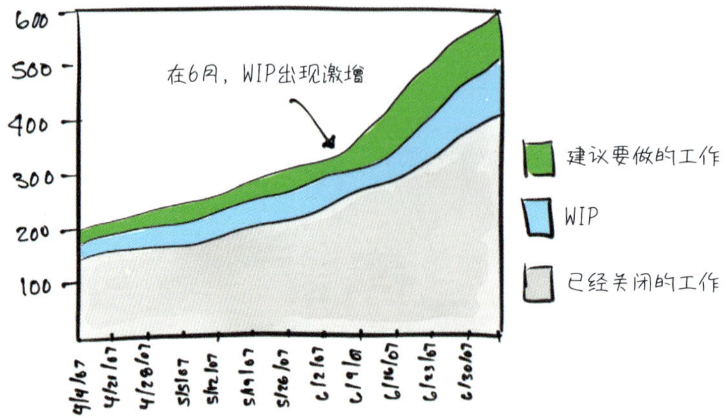

图48　用于运营评审的累计流动图

每月进行运营评审的目标是，通过共同查看数据来了解组织的健康状况。规范且一致的组织健康状况审查为持续改进提供了很好的机会。

运营评审能够提供持续反馈，以帮助你了解组织的运营情况，并使你能够就下一步的行动做出合理的决策。它是一种用客观数据对组织绩效进行的评审。

邀请组织中的所有人员参与评审，包括高层管理者、经理、领导者和贡献者，通过设定客观的、数据化的和量化的期望，来传达组织对绩效的重视。换句话说，运营评审是一种可以通过借鉴之前的经验而使工作更容易可视化的方法。

以下是一些如何成功进行运营评审的流程。每个管理者有5分钟的时间来展示自己团队的月度指标。然后，给观众2~3分钟的提问或评论时间。对演讲者和接下来的问答环节设定时间盒，以帮助人们专注于重要的事情，给演讲者分配合理的时间，避免跑题或浪费时间。设定时间盒可以避免给了演讲者话筒却无法让他离开讲台这一尴尬局面的出现。

运营评审议程示例：

- 领导者致开幕词。
- 团队领导者或市场经理进行业务报告。
- 闭幕词。

汇报指标

为了了解我们是如何做的、有哪些风险及如何提高可预测性，运营评审显示了团队上个月承诺的工作及实际完成情况。

在进行运营评审时，建议在最初几个月中，每个领导者都要汇报以下指标和数据：

1. **产出量**。产出量是指在一段时间内完成了多少事情。显示产出量的一种方法是使用累计流动图。累计流动图也可以显示输入需求与完成需求的比例，以及在工作流动中各阶段的WIP数量。
2. **流动时间**。通过看板，查看从待办事项栏到完成交付栏花了多长时间。可视化的报告（希望你的工作流动工具能够快捷生成报告）显示了上个月每个已完成工作项的实际流动时间。这对学习非常有用，这样你就可以对流程、系统进行优化，减少可变性并增加可预测性。如果任务卡上的任务量在本质上是相似的，你会发现计算平均周期时间或交付时间是很有趣的。
3. **问题和受阻的工作**。识别阻碍团队进展的主要问题或受阻的工作。帮助人们理解为什么事情花了这么长的时间，并了解正在发生的变更，以防止这些问题再次发生。

4 **抓获时间黑手的“聚光灯”工具。**抓获一个或多个时间黑手，并揭发它们的罪行。

可以呈现的一些其他指标：

- 呆滞工作报告。
- 任务卡类型。
- 故障率（价值需求与故障需求相比较）。
- 流动效率。

后续运营评审

我们希望跟踪随时间变化的趋势，查看每个指标是否有了改善。只有平均趋势随着时间的推移而变好，才能说明有所改善。只有变化随着时间的推移而减少，才能证明有更好的可预测性。例如，当迟到的次数随着时间的推移而减少，并且迟到的时间变短时，才能证明准时上班是可以预测的。

我们来看另一个例子，美国铁路公司有一列从波特兰到西雅图的客运列车，它全天按固定的时刻表运行。按照时刻表，当日末班车应该在晚上8点05分到达西雅图。但实际上，火车有时在晚上8点25分到达，有时则在次日凌晨2点半到达。所以，无法预测火车抵达西雅图的准确时间。铁路系统的不确定性导致了到达时间的变动。

火车到达时间的不确定性是由多种因素造成的。例如，西北地区的多雨天气会导致无法预测的山体滑坡，这将堵塞铁轨——直到将铁轨清理干净火车才能重新运行（计划外工作）。此外，美国铁路公司的货运列车优先于客运列车通行（优先级冲突）。

为了提高可预测性，美国铁路公司需要解决山体滑坡后的清理问题，并改变现有的优先级策略，以减少列车从波特兰到西雅图的时间变动。

这些都是运营评审要做出的决策。如果没有合理、客观的指标，就很难准确地理解这些时间黑手是如何窃取时间的。通过将工作可视化，我们能够看到这些时间黑手的行为模式，并与组织沟通问题的所在，这样我们就可以学习、调整和改进。

关键点

- 运营评审是一个机会，可以提出客观的度量标准，以形成改进的基础。
- 在运营评审中，使用时间盒来避免演讲者超时。
- 运营评审的良好指标包括产出量、流动时间、问题和受阻的工作等。
- 随着时间的推移跟踪指标，查看已经完成哪些改进，以及仍然需要完成哪些改进。

第16章 开会的艺术

围绕优先级和实践的摩擦常常发生在改进的过程中。

——斯科特·纳塞洛

周三早上9：00，西雅图。

在西雅图的南湖联合咖啡馆，九个人正围坐在桌旁喝咖啡。所有人的目光都集中在卡门身上，她正在讲述公司新一轮裁员的影响。这群人将讨论重组对团队的影响。大家礼貌地等着卡门把话说完再发表自己的意见。一分钟后，计时器响了，在每个人都进行了投票后，进入报事贴上的另一个主题：如何影响领导层的决策。

这就是精益咖啡，一种有组织却无规则的会议。与会者聚在一起，制定议程，然后开始讨论。

精益咖啡由吉姆·本森（Jim Benson）和杰里米·莱特史密斯（Jeremy Lightsmith）于2009年提出，是一群人讨论想法的最佳方式之一。这些对话是富有成效的，因为会议议程由投票产生。人们参与进来是因为他们可以谈论与他们息息相关的话题。精益咖啡之所以有效，是因为与会者能够负责

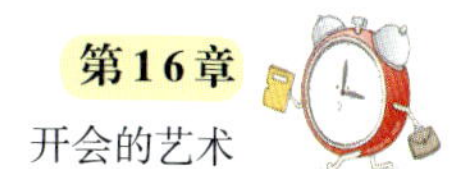

议程，并且每个人的想法都能被听到。最低限度的规则与相互尊重相结合，提供了一个鼓励与会者畅所欲言和相互合作的环境。亚当·尤瑞特（《如何开好会议：一本关于精益咖啡的书》的作者）说："精益咖啡颠覆了传统的单向管理的会议模式，能帮助团队发现对多数人来说最重要的主题，让每个人的想法都能被听到，并提供实时反馈。"

我还要补充一点，精益咖啡不仅改变了团队会议的形式，它还改变了团队所在企业的整体文化。

我们需要做出改变来扭转时间黑手猖獗的局面。许多时间黑手的问题都与组织或公司的文化有关。换言之，当公司文化引导员工保持忙碌（而不是保持工作流动顺畅）时，这一定会导致员工因为太多WIP而负担过重。这显然不是一种富有成效的文化。我们应该避免这样的错误：当目标应是为企业创造价值时，却总是让人们一直忙碌。

要变革，就必须改变行为，要改变行为，人们的心灵和思想就必须对变革持开放态度。与持相反观点的人进行随意、面对面的交谈是改变其想法的最简单途径之一。没有什么比在一个安全、平静、相互尊重的环境（如精益咖啡）中进行面对面交谈所产生的人际关系更能实现这一点。

怎样运用精益咖啡

从2012年起，我一直在推广精益咖啡。我还制订了一份行动计划，让它在团队或组织中发挥作用。

首先，需要为会议留出60~90分钟。

接下来，把报事贴和白板笔放在桌子上。当所有人都坐下后，开始介绍精益咖啡的规则：一次只有一个人发言，与会者应该多听少说。

然后，邀请与会者用2~3分钟的时间，根据已提供的材料写下他们想讨论的所有主题，要求他们在每张报事贴上只写一个主题（报事贴是我们的朋友），等每个人都写完后，与会者应简要地（通常，两句话就足够了）总结自己的主题，这样其他人就可以了解所有待讨论主题的内容。每个与会者可投两票。可以投自己的主题，也可以在一个主题上投两票或分别投给两个不同的主题。

统计投票并将主题进行排序。然后，按照看板最上方的表格开始对主题进行讨论（见图49）。有三栏是必备的："待讨论""讨论"和"已讨论"。将得票最多的主题放在"讨论"栏中，并将其他主题按优先级放在"待讨论"栏中。如果你愿意的话，可以创建第四栏，即"决策、领悟或行动"。

将计时器设置为5分钟，邀请"讨论"栏中该主题的提出者带头讨论。引导师应该确保每个人都有发言的机会（要当心大嗓门、性格外向的人垄断了发言）。当定时器响起时，允许发言人把正在讲的话说完，然后大家用大拇指向上或向下表示赞成或反对。如果大多数人投"赞成"票，就延长几分钟继续讨论该主题；如果大多数人投"反对"票，就进入下一个主题。引导师可以打断

他人的发言。

重复该过程直到结束。精益咖啡最终以每位与会者的结束语收场。

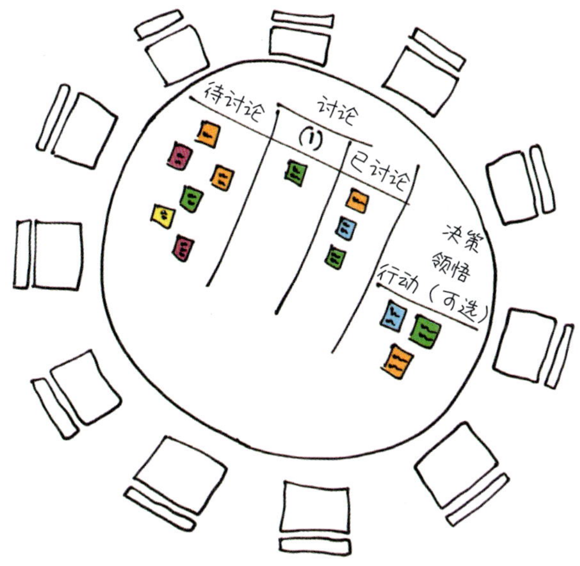

图49　精益咖啡布置

虽然精益咖啡通常只适用于一小群人，但不要被团队规模所束缚。我曾经同时组织过15~20桌精益咖啡，每桌10人。

站会

我之前曾提到，人们在进行站会时总是拖拖拉拉而没有很快进行正式的讨论，项目经理试图让与会者进入状态但总是以失败而告终。你在会议室里逐个询问，人们说自己今天会做什么，昨天做了什么，明天将做什么，这只是一个状态报告会。当工作已经呈现在看板上时，报告这些信息就会很无聊，也没有必要。当开始轮流讨论时，人们会花时间思考在轮到自己时该说什么，而不是把全部注意力都放在其他人身上。

在看板前召开站会时，就可以清晰地看到大家都在做什么。在站会中，可以马上抓住重点。有哪些工作受阻了？有隐藏的工作吗？有我们应该知道的其他工作吗？有可能影响进展的工作吗？有应放进看板却未放进去的工作吗？如果有，就把它迅速放入看板并进行讨论。在站会后应立刻行动，以解决真正的问题。

在我工作过的一家公司，一个35人的团队要在每天早上9点半召开站会。最初，团队使用的是“轮流发言”的方式。一些人在大家的注视下发言感到很不自在，以至于说话就像耳语一样。另一些人则喜欢成为众人关注的焦点，他们往往会占用大量宝贵的时间。想象一下，35名工程师和管理者把时间花在一个无效会议上的成本，更不用说听完35名工程师各自报告工作状态的会议有多无聊。后来，团队更改了会议规则。轮流发言的方式被改为：要求人们在上午9点前更新看板并保持看板上信息的准确性。这使人们仅通过看板就能了解最新状况，在站会上只要专注风险和不确定性就行了。

新的会议议程专注以下三个问题：

1 哪些工作受阻了？注意，重点是工作而不是人。由于数据库架构问题，未知的依赖关系这一时间黑手会在这里制造阻塞。

2 哪些工作有受阻的风险？这就是优先级冲突这只时间黑手的典型表现。

3 是否有已经完成但没有显示在看板上的工作？随后，该问题将演变为对团队当前不可见的工作，或者在头一天晚上的运营过程中发生的问题的询问。这些问题往往会暴露计划外工作这只时间黑手的恶行。

该改进允许团队立即查看和识别影响重要工作交付的主要阻碍。这三个问题也会使站会变得简单且快速。最终，在上午9:45就可以结束站会（整个站会只用时15分钟）。这时，一件完全出乎意料的、自发的神奇现象发生了。

在站会结束后，工程师们有时间（因为他们在下一个会议之前有了15分钟的空闲时间）着手解决一些阻碍工作的工程问题。我们将其称为“会后讨论”。之前，为了配合工程师们的日程并找到空闲的会议室，我必须提前8天计划会议（会议室总被预订一空，人们只好去街角的咖啡店碰面）。

结果是会议减少了，因为人们在会议结束后有时间解决刚刚讨论过的问题。半小时是安排15分钟站会的最佳时长，因为当会议结束时，与会者离下个会议还有15分钟的时间。

干扰的次数也减少了，因为他们不再突然来打断我：“你有5分钟的时间吗？”他们知道，可以在站会后找到我，及时提出问题或得到即刻反馈。

站会和站会后的时间让我们发现工作中的时间黑手藏在哪里，从而节省了很多被占用的时间。

关于会议主题，我最后给出一个建议：在同一时间、同一地点举行定期会议对所有与会者都非常有帮助。这一简单规则可以为35位高时薪的工程师减少不确定性。

在下一章中，我将话题转到实践中出现的一些常见问题。这些实践活动从孤立的事件到司空见惯的“悲剧”，它们都会阻碍我们将工作可视化，妨碍我们揪出隐藏的时间黑手。

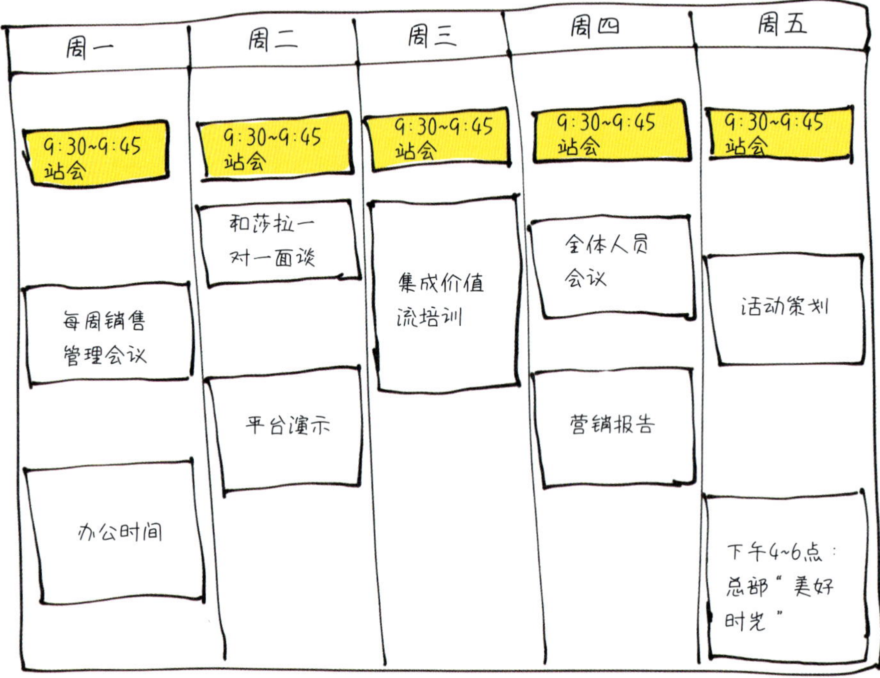

关键点

- 精益咖啡让人们在一个有趣、相互尊重、高效的环境中讨论他们想要讨论的主题。
- 在精益咖啡中，当通过投票选出主题后，用看板来管理主题，并让主题流动起来。
- 用看板来显示工作的进展状态，允许在站会中讨论问题并发现不可见的工作。
- 在同一地点定期举行站会可以减少不确定性。

第17章 不良实践

你怎么考核我，我就怎么表现。

——艾利·高德拉特

我决定在本书的最后加入这一部分内容，因为需要打开天窗说亮话，我也不想用一己之见把你吓跑。我还是决定把不良实践放进来，以便你和团队成员在看到它们时能够识别——这些不良实践会对你的工作环境产生负面影响。

所以，我的抱怨和其他发自肺腑的感想也许并不能产生实质作用。人们关心的只是整个组织中的整体压力，这些压力成为WIP这只时间黑手及其他时间黑手阻碍改进和危害员工身心健康的温床（这反过来又会迫使人们更新简历，寻找更健康、更友好的工作环境）。

不包括周末的进度指标

将周末排除在进度指标之外是一个大问题，有以下三个原因。

1 **所有的指标都基于假设。**如果你想质疑指标的话，就质疑这些假设。你在周末从不工作吗？在节假日工作吗？应计算人们有资格休假的天数还是只计算实际休假的天数？如果我们只看工作时间呢？每个人每周都只工作40小时吗？你愿意花多少时间来讨论这些假设，以使这些指标可信呢？

2 **排除流动时间只会导致数据游戏。**当按照时间表做出资源利用决策时会发生什么？估算有多准确？当人们在周末加班，却不计算这段时间时，人们可能误以为指标是可靠的。此外，我还看到有些人把100%的时间都花在一个项目上，因为他们担心不这么做会给他们带来不好的影响。数据不准确，大家都心知肚明。用这样的指标只能让人感到羞愧，并导致相互博弈。目标驱动型指标也是如此。当焦点放在指标而不是目标上时，就会出现问题。如果人们不说出真相，我们就失去了透明度。

3 **企业客户只关心周期时间。**如果你是我的客户，我告诉你某件事将在30天内完成。最终，我在30天内没有交付，因为30天是按工作日计算的，你肯定会对此感到失望。客户不关心你用多少时间进行开发或测试，他们只想知道周期时间。

由于周末、假期、计划外工作和病假，系统总会出现一些变化。我相信，领导层是足够聪明的，知道在周末前一天收到的需求会有更长的交付时间。将准确的指标可视化可以帮助我们做出更好的决策，但这也需要依赖他人提供透明的信息。请帮助别人接受真相。如果你希望你的组织有更多的可预测性，那么请准确地度量流动时间。一旦你把周末或人们认为不工作的其他时间都排除在外，你就打开了质疑假设的大门。

低效的时间表计算方法

将活动与商业价值关联起来是有风险的。活动级别高并不等于商业价值也高，活动级别高意味着会有一些隐藏任务，这会导致团队延误完成项目。使用工作时间表（Time Sheet）来跟踪托德在一个任务上花费的小时数并不能反映实现商业价值的速度。况且，客户并不关心托德在第236项任务上花费了多少时间。

我亲身经历过这些问题。我曾经花了8周时间等待一位客户的订单，而客户希望我在3周内培训他的团队。还有一次，为了拿到一家公司的付款，我等了12周。传统会计系统所用的流程不像其他部门期待的那样能够快速响应。一些组织正在改变低效的成本和利润的核算方法，转而关注商业价值的创造和价值流的经济利润。

因财务预算流程的问题而造成的损失，可以通过一些更为可行的方法来挽回，正如布莱恩·H.马斯克尔、布鲁斯·巴格利和莱瑞·格拉索在他们合著的《实践精益会计：度量和管理精益企业的行之有效的制度》一书中所介绍的。

甘特图（Gantt Charts）

就像一个假承诺，甘特图［被一些人戏称为“不能图”（can' t charts）］会骗人，会让我们相信基于估算的时间轴是准确和可行的。甘特图由甘特在20世纪初的第一个十年里提出，他将项目中所有任务的开始和完成日期用条状图表示出来，问题是，甘特图并没有考虑因工作人员过高的产能利用率而导致的等待和受阻时间。

甘特图将项目任务的时间间隔细分为具有更小时间间隔的子任务。截止日期是确定的，人们被鼓励按照时间表完成任务。你可以在承诺中看到这一点："如果V项目在7月能够完成的话，你就可以在7月的第四周放两天假！"

作为应对措施，人们在计划中设置了应急储备，以防止项目延误，这些应急储备汇集成更长的时间轴，造成更大的可变性。每个应急储备都可能增加更多的工作。"哦，要到周四才到期，我们能进行一些小改动吗？"

时间轴中的每个部分已经悄然有了出现变化的倾向。例如，某人参加一个为期两天的会议（或者开车去买东西），网络连接中断或数据库服务器运行缓慢。

当加入应急储备时，人们在无意之中拉长了时间轴，因为需求量最高的人力资源开始出现瓶颈，即在你需要的时候，他们无法回应或需要更长的时间回应，因为他们不只为V项目工作（这是高需求量资源的情形之一）。因此，在具备这项技能的人员能够开始工作前，V项目无法继续执行，而我们能做的只有等待。

在我们等待的同时，流动时间也在增加，依赖该项目的其他任务也会被延误。人们开始不断地催问："做完了吗？做完了吗？做完了吗？"更多的项目状态被要求汇报，更多的变更找上门来，成本不断攀升。此外，人们的心理成本也会上升，因为随着排队和等待时间的变长，会打击人们的积极性。当某件物品要在一小时内用到时，就会带来一种紧迫感。如果要在三周后才用到，那么就没有必要急着完成它。当等待的时间太长时，这项工作就会像易腐烂的水果一样变质，部分完成工作的成本也会非常高昂。

应该考虑使用排队法而不是甘特图来管理工作。我们知道，队列越长，等待时间越久。对队列和等待时间的关注改变了游戏规则。项目不需要被甘特图支配，也不需要由无休无眠的英雄们来完成。

要减少WIP数量、优先考虑延误成本、减少批量规模，不要只给出截止日期。不按项目进行分组，而按产品、架构或技能的依赖关系进行分组会增加等待时间并拉长队列。

以个人名字命名的泳道

图50显示了应上司要求而团队不愿意使用的看板。

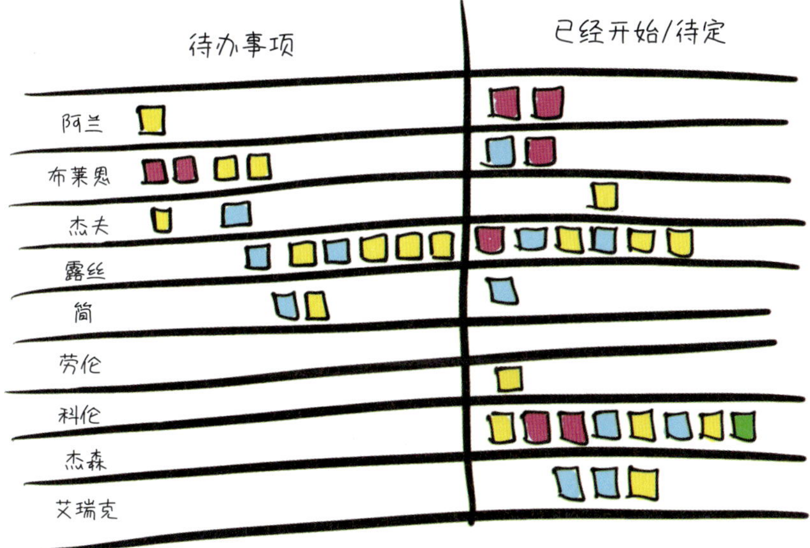

图50　以个人名字命名的泳道

上司要求使用这种看板，并为每个团队成员开出泳道。他想看到他的团队成员都在做什么。不难理解团队为什么讨厌它，因为这么做会产生一些问题。

以个人名字命名的泳道存在4个主要问题。考虑到不断变化的环境，你希望能够控制自己的工作，但这种希望是有代价的。

1 因为看板的设计专注在个人身上，站会关注的是个人而不是工作本身。站会变成了“我”的盛宴，即“我做了这个”“我正在做那个”“我要做另一件事”。要把焦点放在工作上，而不是人上。

2 当一些人的任务报事贴没有像其他人一样快速地移动时，他们就会有一种表现不佳的感觉。要知道，不是所有的工作都是一样的。有些工作比其他工作更容易受时间黑手的侵扰。计划外工作会使任务增加并引起变化。（还记得山体滑坡对列车时刻表的影响吗？）

3 人们会认为他们不应承担职责外的工作。如果人们没有被鼓励发展T型技能（见图51），而是集中精力向专业深度发展，就会使未知的依赖关系这只时间黑手更加猖獗。

4 专注于利用率会阻碍协作。人们被鼓励不帮助别人。如果阿兰的工作需要更长的时间才能完成，那么他为什么要帮助露丝呢？人们会优先考虑让自己表现得优异一些，而这种行为只会降低商业价值。为了增加商业价值，阿兰要做的最有价值的事就是，帮助露丝完成一些工作。

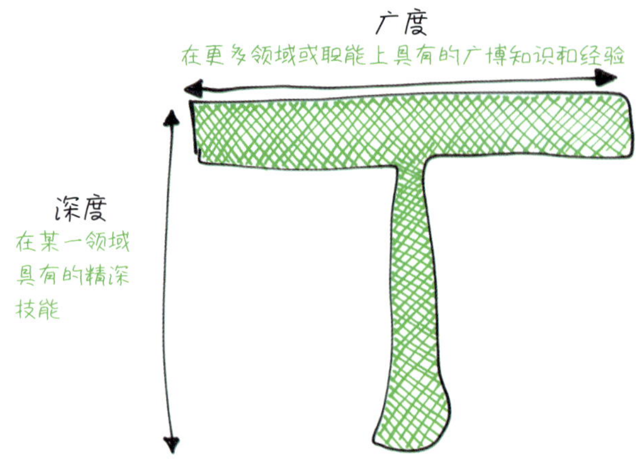

图51 T型技能

如果你对上述情况并不陌生，并且你希望朝着优化工作流动的方向迈出坚实的一步，那么就要用一个将需求特性和完成工作所需技能可视化的看板（见图52）。当工作出现停滞时，就很容易看出哪些技能的需求量大。这样，就可以通过交叉培训来培养更多的人，并减少瓶颈带来的风险。与其让个人忙碌，不如改变工作方式，启发大家专注在正确的事情上，从而让工作自始至终都能顺畅进行。

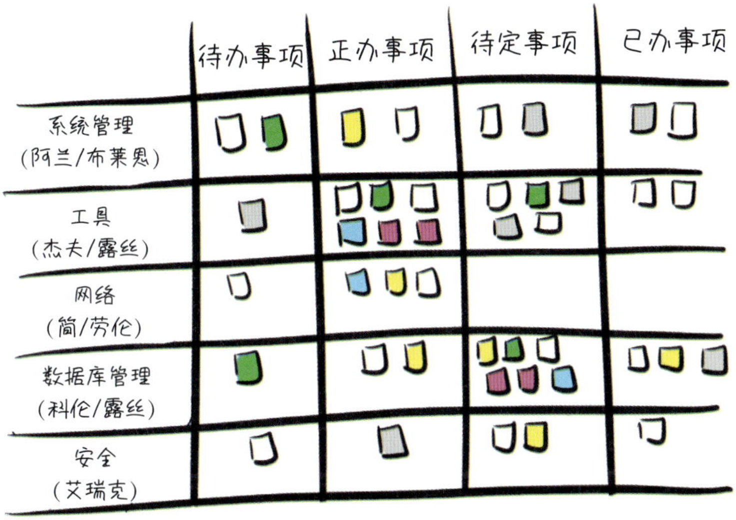

图52　技能可视化的看板

混乱的工作

开会本身就已经是一件很难的事了。如果要确保合适的人在合适的时间出现，并讨论合适的话题以达到正确的成果，那就更难了。再加上3个不同的看板、6个电子表格、4个流动泳道、带宽低的视频会议工具、27个打开的浏览器及无数其他工具和应用，我想你已经开始抓狂了。谁想在这种混乱中苦苦挣扎？那么就让事情简单化好了，这样人们可以花更少的时间搜索信息。请将时间花在搜寻WIP数量上吧。

花哨的任务卡

为要展示的信息、数据加上颜色，让它们看上去漂亮一些。当然，如果信息、数据使用的颜色与背景颜色发生冲突，就得不偿失了。美观的确有吸引力。考虑到用户体验，将你的可视化看板设计得醒目一些。大卫·麦坎德利斯（David McCandless）是三本关于可视化信息的畅销书的作者和TED演讲者，他认为可视化工作需要具备四个要素：

- 信息。数据必须完整和准确。
- 功能。目标必须有用和有效。
- 视觉。象征必须美观和有条理。
- 故事。概念必须有趣和相关。

将看板可视化，能够引起人们的兴趣和参与感，避免混乱和浪费时间。当使用许多不同的工具时，交流会变得困难。只有与其他工具整合来实现良好的视觉效果才能改善沟通。

最佳实践

当我在檀香山的波音公司工作时，我听到有人（我的上司）说："第一次就把事情做好。"我下意识地感到这种说法是不妥的。如果真有人第一次就把事情做对了，那也是遵循了经验丰富者的指导。看板也是如此。在第一次尝试看板时，它只被当作帮助你发现如何改善工作流动的试验。这就是当设计看板或出现其他状况时，没有"最佳实践"的原因。除非你正在做一件简单的事情，而且这件事情在之前已经被做了很多遍——因果是已知的，我们知道不需要特别做些什么。我们只是不知道我们还不了解的事情。

今天，当我听到“最佳实践”这个词时，我试图用神奇的内在力量来避免身体上的畏缩。我必须提醒自己，要在适当的时候进行最佳实践。飞行员在飞机降落前查看仪表；护士在包扎前清洗伤口；系统管理员在重启网页服务组件前将服务器停止运转。最佳实践听起来可能令人尴尬，但它们确实有用，特别是当你正在做一些常规却重要的事情时。

好的，是时候结束我的“长篇大论”了。让我们一起总结一下我们的旅程，一起解决棘手的问题，一起改善并减少变革的阻力吧。

告诉自己：

当你知道因果关系且经验丰富时，那就简单了，你可以采用最佳实践。

在复杂的情况下，解决同样的问题会有不同的方案（取决于你询问的专家），因此要准备多个“好方法”以供选择。

当你不知道因果关系时，就没有最佳实践！

关键点

- 不要将标准工作时间之外的时间排除在外，否则时间计算的标准就会出现偏差。
- 为低效的会计核算方法寻找替代方案。仅仅因为“事情就是这样完成的”，并不能说明这就是唯一（或最好）的完成方式。
- 用排队法替换甘特图。
- 在使用看板时，小心使用以个人名字命名的泳道。
- 尽可能简化会议工具。
- 让看板（和其他演示材料）能够在视觉上吸引观众。
- 最佳实践有它的作用，尤其是在处理简单的日常任务时。通过试验找出的真正适合自己和组织的方法才是最好的方法。

结束语

永远不要让正规教育妨碍你的学习。

——马克·吐温

2011年9月，加州山景城。

在加州山景城有史以来第一次举办的开发运营一体化（DevOps）看板课程结束后，一名身穿苏格兰方格呢短裙、留着长发的男子问道："如何将看板与任务卡系统整合在一起，同时又不会降低高产出量的开发运营团队的效率呢？"该男子叫本，他站在开发运营一体化交流室的后面，把该问题写在一张橙色报事贴上。

现在，我仍然保留着这张橙色报事贴，但我不记得我当时是如何回答该问题的了。今天，这个问题和当时一样有意义。我现在用一个评论和两个问题来回答。我的评论是：任何变更，哪怕是好的变更，也会影响性能。新成员在加入团队后需要经历一定的适应期才能上手。就短期而言，团队将受到影响。但这值得吗？有得必有失，有失也有得。接下来，我的两个问题是：

1 如果团队的产出量已经很高了，为何还需要看板？

2 你想将什么问题可视化？

要做很多假设才能得出一个有价值的答案。为了实现该目的，假设团队有很高的产出量，但是团队成员都在超负荷工作，并且要通过逞能来满足需求。在这种情况下，你想要可视化的问题可能是团队不得不面对的压倒性需求（太多WIP这只时间黑手），以及出现这种情况的原因。将其可视化可以让你看到问题并考虑下一步该做什么。答案可能是减少WIP和重新确定优先级，也可能是增加更多的人来承担WIP（会让当前的团队成员看不到未来）。

限制WIP的数量可以保持高产出量，同时降低需求水平及由此产生的问题，进而满足需求，如受计划外工作的连续干扰、已尽显疲态的团队成员。

这就是我在本书中一直讨论的：要曝光时间黑手，并限制时间黑手扰乱你的生活，然后不断改进跨团队、部门和组织的无效实践，以获得最大的收益。记住，将时间黑手曝光是很重要的，因为管理不可见的工作是非常困难的。当有太多WIP时，就没有时间来纯粹地思考。

当我们研究时间黑手的时候，可以把它赶到我们的包围圈内，这就是将工作可视化的作用。当你能够看到时间黑手的本来面目时，就可以校正、调整并解决妨碍组织的系统问题。

技术和业务团队的协同

技术和业务团队的协同，关乎团队为何要这么做的理由，更是大家取得一致意见的重要方面。团队可能在（实际上也肯定会）谁、什么、何时等问题上产生争论，但是应该很好地理解为什么会有争论。保持一致的问题通常与需求过多导致的优先级冲突有关。如果所有的需求都完成了，就没有问题了。优先级冲突是因为有太多WIP。

首先要对公司为什么会有业务有透彻的认识，这么做可以从根本上改变

一个组织的文化，因为领导者可以回溯本源以做出重要决策。

变革对人们来说是非常困难的，也会经常遇到阻力，尤其是在急剧转变期间。精益教练将其称为J型曲线（见图53）。大型变革会导致绩效下降，其中的原因有很多：学习新资料、雇更多的人、安装和使用新工具等。这就是小型的、渐进的变革更容易执行的原因。小型变革遇到的阻力更小，如eBay。

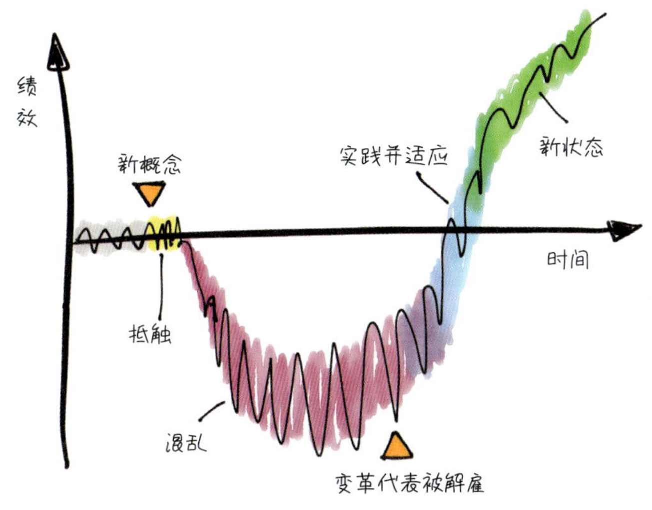

图53　J型曲线

一天，eBay的设计师觉得亮黄色的背景已经不酷了，于是将其换成了白色。可是，用户一点也不喜欢它。抱怨的用户越来越多，于是eBay只好把背景换回黄色。在随后的几个月里，eBay一次只修改一种黄色背景色，直到所有的黄色都被白色代替。这么做，很少有用户注意到。这就是渐进变化的力量——它遇到的阻力更小，因为人们一次只被要求适应一小部分变化，而不是一次适应所有变化。请用渐进变化而非急剧变化来满足人们的需求。

采用新工作方式面临的其他挑战：

1　限制WIP数量会令人惊慌，也与直觉相左。限制WIP数量意味着不能总说“可以”，这会让人们感到不舒服。但是，如果不对WIP数量加以限制的话，请仔细考虑流动时间和混乱程度。选择可行的限制WIP数量的方法，迎接说“不”的挑战。

2 总有供不应求的时候。谨防因对每件事说“可以”的压力让你又回到每件事都做的旧习惯中。记住，限制WIP数量是你的“朋友”，也是完成最重要工作的关键。

3 有顾虑的人不会配合你试图寻求的可视化水平。领导者应该努力消除顾虑，让人们对信息的透明度感到放心。不要惩罚人，要改变制度。

如何改变方向：

1 过多关注内部事务，忽视了与相关方和客户的互动。要打破这个平衡，在设定工作优先级时考虑延误成本。

2 因为你总想做得尽善尽美，所以从未完成任务。你会继续改善。一篇完整的博客文章总比什么都没有要好。交付一些东西，这样你就可以尽快得到反馈。

3 试图立刻解决所有问题。将现状可视化并做一些小型调整，这样你就可以度量每个调整的影响，并从中汲取经验。

4 期待一步登天。将看板用好需要几个月的时间。即使用好了，你也需要持续改进，总会有改进的空间。

作为一名精益方法的教练，人们经常问我看板法和Scrum（一种用于完成项目的敏捷框架）之间的区别。简单来说，它们都是使用约束来实现有效产出的敏捷方法。

克劳斯·利奥波德和西格弗里德·卡尔特内克在他们合著的《看板改变领导力：创造持续改进的文化》一书中写了一篇看板的电梯演讲，我因此大受启发。

看板是一种持续改进自我工作领域的方法。你不需要从一个大的变革项目管理开始，而应集中在一系列小的变革步骤上。识别最重要的业务合作伙伴，并一起探讨当前工作流程中的优势和劣势。基于这些流程的可视化，你可以使用一种简单的方法来提高工作效率，缩短交付周期并为你的客户创造价值。

为了与合作伙伴一起探讨优势和劣势，使用可视化的方法可以减少组织中变革的阻力。将工作可视化有助于开展探讨，反过来又有助于人们适应变革。

老套的工作方式往往会阻碍发展。与时间黑手抗争需要敏捷、大胆和新词汇来讲述做事情的新方法。考虑人员（而不是资源）、良好实践（而不是最佳实践）和不确定性（而不是确定性）。

改变工作方式需要转变我们的思维方式。

当英国萨默塞特郡将交通系统从有信号灯改为无信号灯时，当地居民都认为行不通。他们表示："司机们将无法适应这个变化。"令人惊讶的是（对大多数市民来说），当交通信号灯被移走后，以往排成的长队消失了。行人在过马路时也更容易了，再也没有那么拥堵了。司机之前穿过该郡要20分钟，现在只要5分钟。差别巨大。

人们需要一段时间来适应。大多数人习惯只看交通信号灯。有些司机仍然按交通管理的老办法行使先行权。变革需要改变文化，人们必须改掉坏习惯。新的思考方式需要人们转变思维，人们也需要一段时间才能理解，但它最终会形成一个更安全、更快捷的系统。

对于精益看板流动方法，上述内容同样适用。这是一种全新的和不同的方法。人们认为它没用，并在团队和部门之间制造阻力。要改掉坏习惯，往往要先改变文化。其结果很少像交通信号灯的例子那样立竿见影，但人们通常会在早期看到一些改进，如更少的干扰及更透明和更快捷的工作流动。

量化的科学理论和专业知识是曝光时间黑手和改进工作流动的重要组成部分。这引起了我的兴趣，让我涉足其中。这也涉及数学——我喜欢解题。我最初的目标是，成为一名像霍尼・韦斯特那样的侦探。我亲身体验了使用指标来影响决策的力量。我已经因为指标获得了对预算和人员编制的批准，并达成了目标和方向的协议。我运用它们来改善工作环境。

但是理论和指标不是我做这项工作的原因。我不擅长表达抽象或非直观的想法。我的想法和说法也会矛盾。我非常了解将工作可视化的原因——在很多方面（也许是大多数方面），视觉沟通比口头沟通更容易些。将工作和想法可视化，使人们轻易地看到问题或情况，这的确是令人兴奋的。创造有用的、相关的、可视的和好看的信息来帮助人们了解正在发生的事情是让人愉悦的。但这不是我做该工作的原因。

我做这项工作是因为我能在本质层面与人交流。我可以通过在日常工作和工作坊中的观察来感受人们在做什么。它大部分来自观察者的本能。我想到的只是如何通过视觉的方式看清他们的难处。我知道在情感层面发生了什么，并将其转化为可视化的内容以帮助人们交流。对我来说，解读别人并了解他们的情况是一个自动流程。我是具备视觉同理心的倾听者，这是我最擅长的。请把我带到“犯罪现场”，让我进行解读。

如果没有将工作可视化、优化工作流动并进行重要讨论的能力，我将不能完成这项工作。我已经为你提供了一些必要的工具和知识，以帮助你成为组织中理性声音的代言人。现在就看你如何选择并使用这些工具了。

不要在没用的系统里横冲直撞了。本书中的实践可以让你不断地体验改

进。随着时间的推移，微小的改进会带来显著的变化。所以，走出去，鼓励别人加入你的阵营。我希望我已经成功地激励了你。开始行动！将问题可视化！促进必要的对话！看看这些行动会把你引向何方。

我想，本书已经涵盖了你想知道的关于成功抓获时间黑手和优化工作流动的一切。我已经尽了最大的努力。但我依然在许多有关可视化和优化工作流动的方面需要学习。

当我第一次想到要写本书的时候，我的脑子里似乎充满了各种各样的想法和例子，告诉我如何帮助被困在公司官僚主义或商业僵局中的普通工作者改善他们的世界，并使他们成为组织中理性声音的代言人。这些都是我想要接触和教导的人——每个人都在努力做好工作，使其团队的表现更加优异。所以，请继续努力工作吧！如果我能做到，你也可以。

祝你好运！

术语表

A3报告法：得名于11×17英寸（297×420毫米）的国际标准纸张。A3报告法用于结构化讨论，用来促进理解并达成一致。

Agile 敏捷：以有规律的节奏进行增量式和迭代式改进。与传统的项目管理方法有所不同，敏捷方法提倡频繁地进行重新评估和制订项目计划。

Boolean Logic 布尔逻辑：一种代数形式，即所有的值要么是“真”要么是“假”，用二进制编码系统表示，数值非1即0。

Build 构建：从源代码库中收集代码，将其编译为可执行文件，并将所有必要的文件打包安装，使新功能人人可见。

Capacity Utilization 人力资源利用率：可用人力资源总量的百分比。如果项目成员每天可承担10小时的工作但实际只工作7小时，那么其人力资源利用率是70%。

Churn 客户流失：客户与你的公司终止合作，或者用户拒绝你的服务。

Constraint 约束：是系统中的瓶颈，也是项目进展中的障碍。

Context Switch 任务切换：由于被打扰，从一个任务转向其他任务的动作。

Cost of Delay（CoD）延误成本：传达项目价值和紧迫性的一种方式，度量时间对价值输出的影响程度。

Countermeasures 对策：为解决问题而采取的行动。

Cycle Time 周期时间：满足一个需求所花费的时间，包括从任务开始到成果交付。

Dependency 依赖关系：编译源代码所需的文件。有特定技能可完成某事的人员。在完成某事前需要发生的事件。

Deployment Lead Time 部署时间：在代码被签入（check in）源代码后，构建和部署改动所花费的时间。

Economies of Scale 规模经济：经济学中的一个概念，产量增加引起成本降低，即随着产品产量的增加会带来成本优势。

Enterprise Resource Planning（ERP）System 企业资源规划（ERP）系统：一个整合了计划、采购、库存、销售、营销、财务和人力资源等要素的信息管理系统。

Environment Issues 环境问题：服务器配置问题，可能导致网页和其他有关功能无法正常运行。

Failure Demand 失败引发的需求：因任务失败或未满足客户要求而产生的需求。

Feature Driven Development（FDD）特性驱动开发：一种敏捷开发方法，着重开展跨部门协同、合作及时间盒活动来构建特性。

First-In，First-Out（FIFO） 先进先出：一种优先级排序方法，即工作以先进先出的原则进行排序。

Flow 流动：在系统中，将价值以平稳且可预测的方式进行拉动，通过积极和有意义的方式通过“该区域”。

Flow Efficiency 流动效率：完成工作的时间与等待工作完成的时间之间的百分比。计算方法是，完成工作的时间除以完成工作的时间与等待工作完成的时间之和。

Gantt Chart 甘特图：呈现所有项目活动的开始和结束日期的图形。

Kanban 看板：信号卡的日语表述。在本书中，看板用于知识工作的可视化管理拉动系统。

Kingman' s Formula 金门公式：根据WIP和流动时间之间的关系来计算资源占用百分比。当资源被100%占用时，用它可以显示急剧增加的等待时间。

Lead Time 交付时间：从获得需求到交付成果所需的工作时间度量。

Lean 精益：用于改进的苏格拉底式哲学。精益管理将准时生产和可视化管理放在首要和核心位置。

Pull System 拉动系统：根据有效的处理能力来决定是否将新工作拉入系统。通过该系统，工作人员一有时间就可以自主开始任务。

Queue 队列：一堆等待处理的工作或处于等待状态的任务。

Resource Efficiency 资源利用率：资源被占用的时间百分比。有时，指让工作人员始终忙碌。

Scrum：一种用于管理项目的敏捷框架。

Silver Bullet “杀手锏”：要求立即做某事的紧急需求。通常由项目领导者提出。

Smoke Test 冒烟测试：在构建完成后，检查代码功能是否能够正常运行的测试。

Source Control 源代码控制：供开发者安全储存代码的数据库。

Stand-Up 站会：项目团队每天讨论问题的简短会议，通常为15分钟。因为会议时间只有15分钟，所以与会者一般站着开会。

Sunk Cost Fallacy 沉没成本谬论：一直在做某件事的原因是，此前在该事上已经付出了很多努力，只是不想浪费这些努力而已。

System 系统：相互依存的成员通过协同工作来完成目标而构成的网络，包括工作人员、规则及工具。

Systems Thinking 系统思考：对系统的整体看法，其目标是优化整个系统而非单个功能或部件。

Technical Debt 技术债：由于此前仓促且糟糕的设计导致修复软件故障和开发新功能所需的额外工作。

Theory of Constraints（TOC） TOC制约法：识别阻碍目标达成的关键原因，然后进行整体改进直至其不再成为制约因素的方法。

Throughput 工作量：在一定时间内需要完成的工作总量。

Time-Box 时间盒：开始时间和结束时间都很明确的特定时间段。如中午开始考试到交卷的两小时。

Value Stream 价值流：为实现商业价值，从始至终为特定产品或服务开展的活动。

Velocity 速度：在一段时间内（通常为两周）完成的故事点数量。

Waterfall Approach 瀑布式方法：一种传统的软件开发方法，即在完成上一阶段的所有任务后，才能开始下一阶段的工作。

Weighted Shortest Job First（WSJF）加权最短作业优先法：在同等价值的项目任务中，优先处理周期时间最短的任务的方法。

Workflow 工作流动：工作从开始到结束通过管道（或系统）的流动。

Work-In-Progress（WIP）未完成任务（也译为在制品）：指所有已经开始但还未结束的工作。

Work Item 工作项：任何要做的事情，无论大小。

Work State 工作状态：工作所处的状态。工作在完成的过程中所经过的不同状态。工作状态显示了工作在管道中所处的位置。